# 做个有才情的女子

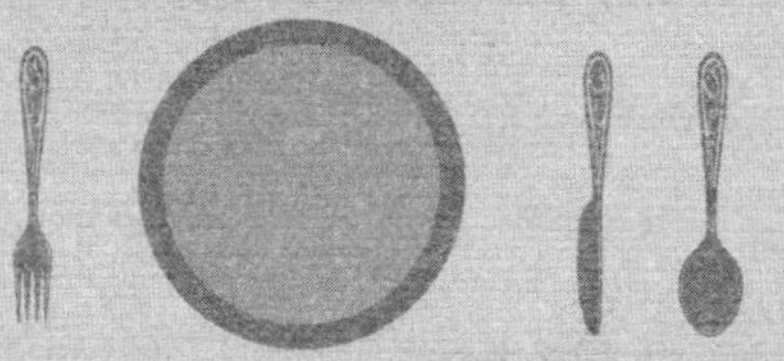

四川民族出版社

**图书在版编目（CIP）数据**

做个有才情的女子 / 史襄著. -- 成都 : 四川民族出版社, 2019.5

ISBN 978-7-5409-8327-7

Ⅰ. ①做… Ⅱ. ①史… Ⅲ. ①女性－修养－通俗读物 Ⅳ. ①B825.5-49

中国版本图书馆CIP数据核字(2019)第089549号

ZUOGE YOU CAIQING DE NVZI

**做个有才情的女子**

**史　襄　著**

责任编辑　伍丹莉
责任印制　谢孟豪
出　　版　四川民族出版社
社　　址　四川省成都市青羊区敬业路108号
邮政编码　610073
联系电话　（028）80640534
制　　版　北京海阔文化传媒有限公司
印　　刷　三河市京兰印务有限公司
成品尺寸　145mm×210mm
印　　张　8
字　　数　151
版　　次　2019年5月第1版
印　　次　2019年5月第1次印刷
书　　号　ISBN 978-7-5409-8327-7
定　　价　38.00元

# 有才有情才是女人藏不住的光芒

人们大都欣赏外貌清秀的女人，并盛赞其外表，沉鱼落雁、闭月羞花、冰肌玉骨……然而，样貌并不能作为评判一个女人的最高标准，有才有情才是女人藏不住的光芒。

很多人被言情小说和影视剧所误导，认为女人只有长得漂亮才能赢得一切，殊不知早已被不正确的价值观所洗脑，对女性产生了片面的认知。

在一场某电视台招考记者与播音员的现场考试中，几十名考生排着长龙，紧张而期待地等着面试主考官传叫自己的名字。小雅便是长龙般队伍之中的一个，刚刚迈出校门的她对未来满怀憧憬，尽管她在大学读的不是播音专业，但凭着爱好还是报考了播音员，来到了面试现场。

当小雅坐到考试桌前，几位评委心中已对她有了模糊的评价，他们不约而同地认为小雅缺少外貌形象上的加分项。简而言之，就是小雅长得还不够漂亮。

当小雅张开嘴念出第一句早已准备好的台词时，评委们也只觉得发挥平平，并没有惊艳的感觉。虽然她在播音时语言表达准确、语句流畅且富有感情，但她平平无奇的面孔和稍显僵硬的表情实在难以给人甜美亲切且容易接近的感受。

播完简短的台词，评委们正要在她的名字后打分时，突然听到她谦虚而诚恳的声音：“各位评委老师，很抱歉再占用大家几分钟时间，请允许我用英文再播报一遍台词。”没等评委们点头示意，她就开始了自己“真正的表演”。

当第一个单词从她的口中流出时，她整个人的气质就完全变了。尽管评委们觉得有些突然，但还是被她声情并茂的演讲吸引住了，不禁跟着她的示意与引导看了一个气质出众的女主播。从她自然而发的肢体动作和说话过程中时而扬起时而低垂的眉眼，以及流畅而抑扬顿挫的声音中，每个评委都感受到了她的实力。

此时，评委中突然有一位老师问道：“你在大学读的是英语专业吗？”

小雅微笑回答道：“是的。”

评委又接着问：“你的英语是否考了级？”在得到了肯定的回答后，评委向小雅递出了橄榄枝：“你愿意来外贸公司工作吗？”

对小雅来说，这样的机会自然是不可多得的，于是她坚定地向这位评委点了点头：“我愿意！”

原来，这位评委是一位领导，受一家外贸公司的委托在面试者中寻找外语专业的优秀人才，正巧在这场考试中遇到了小雅。对于外贸公司来讲，颇有着踏破铁鞋、无心插柳的意思。对于小雅来说，这也是一个能发挥自己真正价值的好岗位，这份工作与播音员相比，更适合小雅，也更符合小雅的职业规划。

曾经不敢想象的事情就这样实现了，这对小雅来讲并不是奇迹，因为这是她凭借自己的才华争取到的“奖励”。

三毛在文章《关于读书》中提到：“读书多了，容颜自然改变。许多时候，自己可能以为许多看过的书籍都成过眼烟云，不复记忆，其实它们仍是潜在的。在气质里，在谈吐上，在胸襟的无涯。当然，也能显露在生活和文字中。”

苏轼也在诗中这样写道：

粗缯大布裹生涯，腹有诗书气自华。
厌伴老儒烹瓠叶，强随举子踏槐花。
囊空不办寻春马，眼乱行看择婿车。
得意犹堪夸世俗，诏黄新湿字如鸦。

读书确实可以在很大程度上提升一个女人的气质，让一个女人展现出与众不同的才与情，这是文字与文化特有的一种能够引导精神文明的特质。

汉代著名才女卓文君是临邛冶铁巨商卓王孙的女儿，她从小便学习各方面的知识。她精通音律，擅长弹琴，还写得一手好文章，外貌也称得上娇美绝伦。司马相如来卓府饮酒时以一曲《凤求凰》打动了卓文君，宴会结束后司马相如派人传达自己对卓文君的倾慕之情。卓文君得知后夜出家门，与司马相如私奔到了成都。

可二人婚后，随着时间的不断推移，特别是司马相如飞黄腾达以后，他日渐沉迷玩乐，甚至想纳茂陵一女子为妾。卓文君得知后，作了一首《诀别诗》赠予司马相如：

> 春华竞芳，五色凌素，琴尚在御，而新声代故！
>
> 锦水有鸳，汉宫有木，彼物而新，嗟世之人兮，瞀于淫而不悟！
>
> 朱弦断，明镜缺，朝露晞，芳时歇，白头吟，伤离别，努力加餐勿念妾，锦水汤汤，与君长诀！

司马相如看着这封书信，在惊叹妻子才华横溢的同时，回忆起了与卓文君的恩爱之情，顿觉无比羞愧，再不提纳妾之事，与卓文君白首偕老。

从这个故事里，我们不难看出才华之于一个女人的重要性。

王尔德在他的诗中提到：“好看的皮囊千篇一律，有趣的灵魂万里挑一。”不难看出，这里的“灵魂”即可作为一个女人的学识与才华，只有当一个女人的学识和才华得到了提升，方能成为一个有趣的“灵魂”。

试想，千篇一律和万里挑一哪个更吸引人一些呢？答案显而易见。可见，有才有情才是女人藏不住的光芒。

# 目 录

CONTENTS

## 第一章

## 气质如兰，塑最高级性感


气质如兰，塑最高级性感 … 003

厨房不是所有女人的终极阵地 … 008

自信，是你脱胎换骨的良药 … 012

内心坚定，所有经历都是一笔财富 … 016

你的工作态度，代表了你的气质 … 021


## 第二章

## 美丽有“质”，方能永葆青春


美丽有“质”，方能永葆青春 … 027

美貌终究敌不过岁月，智慧却历久弥新 … 032

你可以不化妆，但不能不会化妆 … 037

爱读古诗的女人，优雅到骨子里 … 041

音乐如清泉，滋养干涸心田 … 045

## 第三章

### 越高级越独立，为自己而活


越高级越独立，为自己而活 … 053

既然不是天生丽质，就要后天励志 … 058

豁得出去，人生总得奋不顾身一次 … 063

你要温柔善良且有锋芒 … 067

女人，有时候还是需要一点韧性 … 071


## 第四章

### 努力向前，只为遇见更好的自己


努力向前，只为遇见更好的自己 … 077

心中有方向，就不会一路跌跌撞撞 … 081

梦想的阶梯，没有捷径 … 085

Just do it！生活的美就在于一切未知 … 089

即使飞得再高，也可以放声哭泣 … 093

## 第五章

## 宠辱不惊，有实力才更有魅力

宠辱不惊，有实力才更有魅力 … 099

所谓优雅，就是遇事不慌不忙 … 103

安全感只能自己给，别人终究给不了 … 107

专注的美，让世界为之让步 … 111

人生十字路口别闲着，不断给自己镀金 … 115

## 第六章

## 你若勇敢，爱情自来

你若勇敢，爱情自来 … 121

微笑，是打动人心的法宝 … 126

最夺目的告白气球——我喜欢你 … 130

体贴，用最细致入微的心温暖他 … 134

爱如流沙，抓得越紧流得越快 … 138

## 第七章
## 端庄大方，诠释无言的脱俗


端庄大方，诠释无言的脱俗 … 145

高情商的女人，就是有分寸感 … 149

坚持奋斗，是对梦想最大的忠诚 … 154

用知识激发自己新生 … 158

要知道自己的兴趣和优势在哪里 … 163


## 第八章
## 谈吐如歌，自带气场和芬芳


谈吐如歌，自带气场和芬芳 … 171

话太多，有时可能会吓到别人 … 176

学会倾听，是有修养的一种表现 … 181

别只会嘴上涂口红，多涂点“蜜” … 185

女人，要学会说“不” … 189

## 第九章

## 内心坚强，幸福才会慢慢靠近

内心坚强，幸福才会慢慢靠近 … 195

不要埋怨，明天终会好起来 … 199

放过自己，选择决定生活 … 203

所谓“金刚不坏之身”，是经历沉默的结果 … 208

即使一个人，也要活得精彩 … 213

## 第十章

## 沉淀自己，剩下的交给时光

沉淀自己，剩下的交给时光 … 219

耐得住寂寞，守得住幸福 … 223

擦亮眼睛，善于发现和捕捉生活中的小细节 … 228

对自己有多高的要求，就能成就多大的舞台 … 233

跟过去告别，遇见更好的自己 … 238

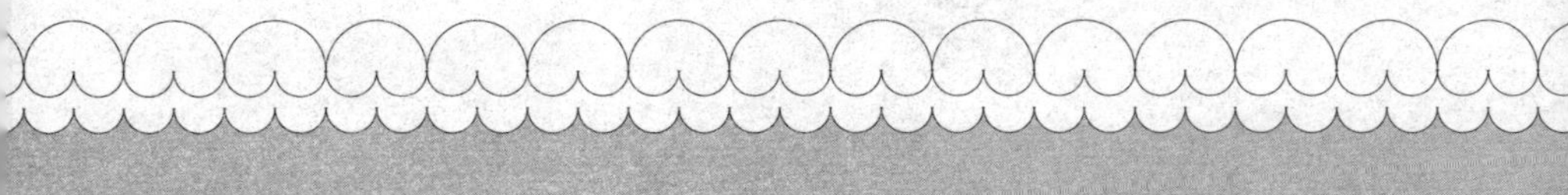

# 第一章

## 气质如兰，塑最高级性感

# 气质如兰，塑最高级性感

女人的一举一动和一言一行都体现着其自身的涵养，而通过行动展现出的这种涵养，我们将其统称为气质。气质是给人留下第一印象的重要参考物，无关颜值，气质上乘的女人往往能给人留下不错的印象。

试想，倘若一个女人行为猥琐、语言粗俗，便也成就不了一番绝美的“风景”了。

有的女人拥有与生俱来的绝佳气质，因此从小到大总是受别人喜欢，一直能够成为大人口中“别人家的孩子”。

《红楼梦》里的十二金钗——黛玉风流，宝钗端庄，可卿娇媚，熙凤明艳……个个都有着出众的特点。但“气质”这个词，曹雪芹只给了妙玉一人。这并不代表黛玉、宝钗等人的气质不足，而是因为只有妙玉身上能够体现出气质一词究竟为何物。

妙玉美丽聪明、才华横溢，虽是佛门弟子，却信守庄子的文学思想，能够在贾母与王夫人面前从容自若，这样的形象无论是在当时还是现代都是不可多得的。

妙玉十八岁入住大观园，与岫烟等人结下了深厚的情谊。这里值得一提的有两件能够体现妙玉气质的小事：一是妙玉谈品茶，二便是妙玉中秋联诗。在妙玉看来，品茶一杯足矣，两杯便是解渴的蠢物，三杯则是饮牛饮骡。并且，冲泡茶水一定要用从梅花上收取的雪水。中秋夜里，黛玉和湘云到凹晶馆联诗，妙玉三言两语就将二人所作的残诗收出了漂亮的结尾。

从饮茶与联诗中不难看出，妙玉自身带有一种高雅的气质，这与周遭世界产生了“格格不入”的感觉。连宝玉也这样评价她：“她为人孤僻，不合时宜，万人不入她的目……她原不在这些人中算，她原是世人意外之人。”

正是由于妙玉自身所带有的气质，方成就了这样一个清灵通透的女子，正如其名所表达的思想，妙玉——精妙绝伦，如同美玉。

一个人的美丑与其相貌无关，与自身的气质有着至深的联系。相貌是表面的、外在的，是他人对自己的“乍见之欢”；而气质则是发自内心深处的、内在的，是自己本身所具有的文化与素质涵养，是经久积累下的宝贵品格。

相比之下，气质是超越相貌的存在。

小雯是一个年轻漂亮的女生，身形修长，五官端正，衣品也很讲究，见到小雯的人一定会在心里默默地夸一句“美”。

有一天，公司新转来一位实习生小黄。小黄作为一个刚毕业的大学生，社会阅历比较少，见到小雯的第一眼就被她折服了。他从心里觉得小雯太美了，立即就对小雯展开了轰轰烈烈的追求。面对小黄这样阳光帅气小青年的百般讨好，小雯的芳心没多久就“沦陷”了。尽管二人刚在一起时，单位其他人表现过诧异的神色，不过持祝福意见的同事比较多，两个人很快就成了单位里的“最佳CP”。

可是好景不长，小黄渐渐发现小雯的性格气质与优秀的外表并不相匹配。小雯不仅私下里脏话连篇，动作还经常很不雅，对待他人时也很难做到基本的礼貌。

有一次，两人一起去吃饭，仅仅因为服务员来迟了两分钟，小雯就对其破口大骂，不断用语言羞辱对方，小黄劝了半天她才消气。不仅如此，看电影时，她总是在影院里大声说话，影响其他观众观影……小雯经常干出类似这种有损气质的事情。

随着时间的推移，小雯姣好的外表所留下的好感渐渐地被消磨殆尽，小黄越来越不能忍受小雯的行为举止。在交谈几次无果后，小黄最终选择了与小雯分手。

在这个故事里，小雯用亲身行为告诉了我们，漂亮与气质并无太大关系，两者之间并不能画上等号。许多外表美丽的女子并不如其表面，只有高雅的气质才能成就一个女人真正的“美丽”。

林语堂曾说过，女人的美不是在脸孔上，而是在姿态上。这里的姿态所指的并不是单纯的仪态，而是一种深藏于内心的内涵与文化底蕴，是一种超脱的气质。

女人的姿态是富有灵性的，是与气质互为依存的。女人的气质能够伴随着姿态一一展现出来，姿态则能够体现出一个女人骨子里所拥有的气质。一个女人拥有了高雅的气质，她的一举一动便无不透露着富有内涵的美丽。

不过，气质是可以通过后天训练来拥有的。有时经过训练的女人往往更能把握住气质的本韵，更能体现出气质的灵魂。

Lisa是一个成功的事业女性，平时在公司下属们都对其恭敬有加。她不仅外表美丽，业务能力也很强，而且言语干净利落，气质非凡。可大家想不到的是，Lisa小时候在山村长大，从小像一只“野猴子”一样成天玩泥打架，看不出半分女孩子的样子。可上学后她整个人就变了，非常爱看书的她从书里学到了作为一个优雅女人应有的文化底蕴。她改变了自己的言行举止，用自己的力量走出了大山，成为一个真正有气质的事业女性。

气质对于一个女人来说是至关重要的，甚至可以作为一个女人的“名片”，在任何社交场合都能积极且有效地发挥它的作用，能够真正地使女人散发出迷人的气息。

# 厨房不是所有女人的终极阵地

信息社会，人们对人或事物的认识越来越全面。但其中仍不乏一些思维落后的现象，比如受我国古代封建社会父系氏族思想的影响，有些人认为“男主外，女主内”才是一个家庭应有的合理分工。然而在实际生活中并没有这样一把衡量分工是否合理的标尺，因此，这种“男主外，女主内”的现象并不能与和谐的家庭画等号。

著名节目主持人杨澜曾在《一问一世界》中提到过这样一个观点——现代女性不应只有事业或家庭，而应该兼顾事业和家庭。这个观点指出了女性在现代社会中应有的立场与定位，不是只有在家中当全职太太才能够发挥出女性的伟大，在职场依旧可以散发自己的光芒，不能让厨房成为女性的最终阵地。

在事业上，杨澜作为一个资深的媒体人，主持过多档节目，具有很强的社会影响力；在家庭上，她拥有一个幸福的四口之家，老公帅气，孩子可爱。她自己就是一个事业型女性的强有力的代表，证明女性可以兼顾职场与家庭，不一定非要全职在家才能发挥女性那种温柔而巨大的力量。

其实，做全职太太需要勇气，不仅要在家精心照顾全家人的生活起居，而且要承受巨大的社会压力。由于没有工作，在家中也缺少底气，与人谈论时总会不自觉地产生一种“直不起腰”的想法。而且，久居家中也会与社会脱节，身上原本有的幽默与风趣也就随之消失殆尽了。

阿莉就是这样一个活生生的例子。她和同单位的小张因工作认识，两个人三观相近，有着说不完的话题，工作起来也很有默契。两人自然而然地由告白进入了恋爱状态，很快，他们的恋爱关系就升了级，成了一对甜蜜的夫妇。

婚后不久，阿莉就怀孕了。孕期后半阶段，阿莉无法完成对于孕妇而言高负荷的工作，休了产假。生完孩子后，为了能更好地休养与照顾孩子，两人商量一番，阿莉干脆辞了职，从此开启了全职太太的生活。

阿莉每天买菜做饭，打扫卫生，丈夫回家后还可以吃上一顿热腾腾的家常菜，两人都认为这样的小日子幸福又美满。

孩子上学之后家庭的开支明显增多，生活压力也越来越大。阿莉也开始和小区里的几个全职太太凑到一起打麻将，在麻将桌上交换着街坊四邻的家长里短。丈夫下班后，耳边始终萦绕着阿莉的抱怨，面对饭菜早已没有了当初的胃口。渐渐地，丈夫对这样的家庭生活产生了逃避的念头，开始沉浸于工作。再后来，丈夫待在公司的时间越来越长，每日早出晚归。

阿莉和丈夫的婚姻就这样走到了破裂的边缘。

鸡毛蒜皮的小事最能磨灭一个人的耐性，整日局限于家中，周遭全都是家长里短，思维也因此被禁锢，使人久而久之就变成了一具麻木而没有灵魂的肉体。走出家门，在职场发光发热，与思维活跃的同事们多交流工作上的事情，时间长了自然而然就会变得朝气蓬勃。

阿莉的故事并没有结束。随着在家中久居，阿莉的思维也与之前大不相同，苦恼的阿莉开始意识到事情的严重性。她找到了结婚多年且家庭一直很和睦的表姐，希望表姐可以给她一些建议。表姐听了阿莉的故事之后，略一沉吟就找到了解决的方法，阿莉听完之后大吃一惊，决定按表姐的建议来试一试。

阿莉先找了个时间和丈夫谈了谈，认为现在的家庭矛盾是可以得到解决的，她可以重新找一份工作，把自己的眼界提高一下。于是二人合计一番之后，将阿莉的母亲接到了家中，让母亲代替阿莉照料孩子一段时间。

在表姐的帮助下，阿莉很快找到了新工作。虽然阿莉刚工作起来有些吃力，不过她依旧沉浸于其中，下班回到家里之后还会和丈夫交流日间工作遇到的趣事，丈夫也会回应她一些自己工作上的趣事，家庭气氛就在这样的模式下重新变得活跃起来，两个人也渐渐地回到了新婚时美满的状态。

假如阿莉没有寻求表姐的帮助，而是在痛苦与内疚的心境下选择与丈夫争吵，那这段婚姻也许只能结束。

女性的眼界需要拓宽，仅局限于厨房的方寸之间无法发挥出女性最大的潜力。

在职场中冲锋陷阵可以给女性带来丰富的经验与广阔的眼界，只有这样才能确保女性跟得上社会潮流，甚至引领潮流。这种热衷于事业，并把主要精力投放在事业之上，精明能干，甚至在领域内能够做到出色的女性，我们将其称为事业型女性。这种女性所拥有的智慧与眼界是整日居于家中的全职太太无可比拟的；这种女性作为现代女性拥有多个闪光点，走到哪里都神采奕奕，光彩照人。

现在是一个于女性而言好坏皆有的时代，尽管一些人对女性的认识与评价有失偏颇，可随着社会的发展，社会需要的不再只是体力劳动者，力气不足无法成为限制女性发展的因素，在很多地方也需要女性柔和的思维与管理方式。

这是时代赋予新女性的重任，所以，不妨走出家门，别让厨房成为自己的终极阵地。

# 自信，是你脱胎换骨的良药

拥有自信的人具备一种魔力，能够将人们的视线自然而然地吸引住，从而能够拥有在人群中脱颖而出的机会。

在心理学中，自信又被称为自我效能感，指的是一个人对自身是否能够成功应对特定情况能力的一种评估。

自信是一种心理状态，通常被用来描述人在适应社会时所出现的心境。当人们试着用自己已有的经验去认识与实践世界时，会产生类似情绪。

自信是一种积极的心态，能够将个人对待事情的心理状况变得正面且向上，甚至可以改变一个人看待问题的角度。

自信能让一个女人为人处世发生质的变化，从胆小怯懦变得勇敢，而这只需对自己的心态进行调整。

在一个偏远的小镇上只有一所学校，这个学校里有各种各样的学生在一起学习，玛莉就是其中之一。与同学们相比，玛莉的性格似乎与大家格格不入——看到熟悉的人时，玛丽从来不敢主动打招呼；当大家在下课后拿起准备好的沙包一起蹦蹦跳跳时，只有玛莉在旁边低头站着，或是干脆在教室里坐着不出门；即使一起外出时玛莉也是最沉默寡言的那一个。

玛莉一直认为是自己长得不够漂亮，才导致别人不愿意和她一起玩。当同学们凑在一起叽叽喳喳聊一些话题时，玛莉总认为他们在讲她的坏话，嘲笑她长得不好看。

玛莉越来越自卑，越来越不合群。

有一天，玛莉经过一个商场，商场里有各种好看的衣服和饰品，玛莉心动了，走了进去。经过一家店时，玛莉看到橱窗里挂满了各种各样的蝴蝶结，在玻璃窗外站了许久的玛莉终于鼓足勇气走了进去。

玛莉认为这家店的蝴蝶结非常漂亮，所以自己带上这些蝴蝶结后，一定也会在蝴蝶结的装饰下变得漂亮一点。在店员的推荐下，玛莉选择了一个红色的蝴蝶结，对着镜子戴上蝴蝶结后，店员也夸赞玛莉长得漂亮，玛莉也觉得自己真的和以前不一样了。

结完账后，玛莉直接戴着蝴蝶结就跑出了商场，想让大家看一看自己的新蝴蝶结。结果，她跑出商场门时不小心滑了一跤，迎面撞上了正要进来的一位阿姨。平时的玛莉不敢与陌生人说话，今天戴了蝴蝶结的她非常兴奋，昂着头微笑着连连道歉，阿姨很快原谅了她。玛莉认为这些都是蝴蝶结的功劳，内心更加愉悦了，迈出的步子也越来越轻快。

到了学校，玛莉微笑着和每一个碰见的人打招呼，遇见熟人时，玛莉还会举起手臂向他们挥手问好。当同学们向她致意时，她也昂着头微笑着接下了所有友好的声音。开心的玛莉晃了晃头，更喜欢这个蝴蝶结了。

上课时，原本总是低头坐在自己位置上的玛莉改变了自己的习惯，她挺直了脊背，抬头看向黑板，还和老师进行眼神交流。临下课前，老师表扬了玛莉，夸她不仅认真听讲，而且整个人的气质都跟往常不同了。玛莉非常开心，一整天都和朋友们一起愉快地玩耍，傍晚放学前还约好了和同学们第二天一起上学。

回家的路上，玛莉边哼着歌边想，回到家后一定要把蝴蝶结摘下来好好地整理一下，它可是今天的“大功臣”。可当她走到镜子面前时一下子就愣住了，自己的头上空空如也，玩儿了一天之后别说蝴蝶结了，连原本扎的马尾都变得松松垮垮的。

玛莉坐在床前，仔细回想了一下白天的经过，原来在自己跑出商场时，蝴蝶结就被自己撞掉了，而自己一直都没有发现。可大家为什么都愿意和自己说话，和自己玩儿了呢？玛莉想了半天终于想通了。原来改变自己的并不是蝴蝶结，而是自己乐观自信的心境。

玛莉的年纪虽然还很小，但是领悟到自信重要性的她很快就将大家对她的看法改变了，变成了一个活泼可爱，人人都喜欢的孩子。

著名的皮格马利翁效应也从另一方面印证了这一点。

罗森塔尔在一所学校中做了一个实验，随机挑选了一个班级后，他对班里的18个学生做了一个“发展预测”，并将名单交给了校长和老师，还向他们撒了一个谎，告诉他们这些人在未来能够获得各方面的成功，但是要求他们对这件事保密。

在8个月后，罗森塔尔回到了这所学校，并对名单上的人进行了测试，结果奇迹发生了——这些人的成绩均有了提高，且性格活泼开朗，更擅长和别人打交道。

罗森塔尔认为，这些学生发生变化是有原因的，当教师们得到这些人会获得成功的消息时，内心中对他们产生了一种期望，并将这种期望通过眼神与态度传递给了学生们，学生们收到暗示后，不约而同地产生了自信心，由此成绩与性格才做出了正向的改变。

自信能够增强人们的进取心，更是让人走向成功的重要途径。

生活中总会遇到各种挑战，而自信就是应对这些挑战最佳的心理支持。当人拥有了自信的态度，就可以在不同场景发挥出最大的能量，在不同的“战场”上所向披靡。

# 内心坚定，所有经历都是一笔财富

对于坚定，加里宁曾这样描述过：“坚硬优质的钢条，是经过千锤百炼而成的；瑰丽美观的贝壳是经过水冲日曝而得的。我们的意志和毅力也必须在火热的斗争中接受严峻的考验，去接受长期的锻炼。只有这样才能使自己在困难面前，永远热情奋发，斗志昂扬。”

的确如此，坚定作为一种信念，能够在工作和生活等多方面给人以正面的、向上的影响。

坚定一词通常被用来形容一个人的意志，意志坚强的人遇到困难不会轻易动摇。拥有这种品格的人具有与众不同的气质，能够在众多人中脱颖而出。

女性本身受制于生理条件，力量较小、体格稍弱，很多人难以把女性同坚定一词联系起来。但这并不能代表外表柔弱的女性不能具有内心坚定的品质。相反，越是不受重视，越能爆发出常人难以预估的力量。

在一个公司里，琳达与丽莎的办公室离得很近，两人又是同一所学校毕业的校友，因此她们的关系要比寻常同事之间的感情略深厚些。两人经常在休息时间一起吃饭，或者在劳累时一起到咖啡馆坐一会儿。相处的时间长了，两人不免会对各种事情加以谈论。

近来市场波动情况严重，公司现在在行业里实在有些不景气，面对逐渐下滑的公司业绩，员工们纷纷有了另谋出路的想法。

这天，闲暇之余，两人又凑到了一起，自然不可避免地谈到了这个话题。琳达不想冒险，决定接受另一家不太出名的小公司的邀请，跳槽到一个工作前景堪忧的岗位。丽莎则恰恰相反，她认为这既是一个机遇又是一个挑战，她不准备逃避，打算接下公司给她的这封“挑战书”。

果然没过多久，公司倒闭了，琳达早就准备好了自己所有的工作总结，到那家小公司报到了。丽莎则在深思熟虑后收拾好了自己所有的东西，带上与工作有关的证件与资格证去了外地。

工作之余，两人一直保持着联系，时常交流一下自己工作期间发生的事情。不过，没过几年时间，两人的处境有了天壤之别。琳达在小公司的工作很不顺心，日子依旧过得有些拮据，甚至多次有过辞职的念头。反观丽莎，早已摆脱了在原公司时略显窘迫的处境，在新公司做得风生水起，最近还要晋升为高管。丽莎正准备着全款买房的事情，整日忙得不可开交。

琳达十分羡慕，和丽莎聊天时经常不自觉地带上向往的口吻："现在你可算是熬出头啦，回想以前有什么感想呀？"

丽莎只是微微一笑，对琳达说："其实我刚到外地的时候很多次想过要放弃，想着干脆回老家找父母好了，可我一想起父母时，就会不由地想起小时候妈妈经常给我讲的一个故事，一想到这里我就坚定了自己的内心，把要动摇的念头抛诸脑后了。"

电话里，丽莎把故事的大概内容告诉了琳达——沙漠中见得最多的物种要数骆驼了，甚至很多骆驼会在沙漠中度过它们的一生，可它们是如何忍受甚至克服干旱炎热的环境的呢？答案很简单，首先，骆驼会吃一些其他动物不敢尝试的荆棘灌木，从这些植物中汲取水分。不过，最重要的还是它们巨大的忍耐力以及能穿越沙漠的坚定态度。为了寻找水分和食物，它们不得不忍受干旱炎热，在沙漠中进行长达数日的跋涉。骆驼可以在一个月内不喝水，可一旦见到水源，它就会迅速饮水，甚至于能在10分钟内喝下135升水，给身体来一次完整的"充电"。

讲完故事后，丽莎对琳达说："我就是那只骆驼，不仅没有因前一个公司的倒闭而气馁，反而让这件事变成了我的一段经历，我因此变得更加充实了。刚接触新岗位时，我就像那只跋涉的骆驼，坚定地认为自己可以摆脱目前的困境，并且不放弃自己的寻找，用坚定的内心来提醒自己可以做到，能够胜任这份工作。”

琳达听完这个故事后若有所思，开始为公司倒闭时盲目且动摇的自己感到羞愧，假使自己也能拥有丽莎这样坚定的内心，那么现在自己的处境会不会有一点不一样呢？

坚定的内心使一个女人变得有主见，不放弃自己奋斗的方向，能够一直朝着正确的目标行走。

臧健和从一个带着两个孩子的单亲妈妈变成“水饺皇后”，靠的不也是这份坚定的信念吗？她在最艰难的时候没有放弃生活，靠着自己辛勤的劳动和坚定的信念闯出了一片天。

当人们问起她时，她总是坚定地说：“我要用水饺交全天下的朋友，告诉每一位生活在艰难中的中国母亲，自强是我们的唯一出路。”

胡爱娣从一个柔弱的车间女工变成了一个著名针织服装企业的老板，靠的也是这份坚定的信念。刚毕业的她在针织厂工作几年后，学到了一些知识，毅然辞了职，开始了销售之旅。创业前期，各种困难接踵而来，但她没有放弃，内心的坚定信念提醒着她：“我能行！我能坚持住！”果然，是金子早晚都会发光的，她创造出了一个神话。

一个又一个经典的成功案例向世人们昭示着：外表柔弱的女

孩子只要有着坚定的内心，也能够创造出属于自己的辉煌！

生活处处存在着困难，当我们面对这些困难时，不能轻易退缩，要做到内心坚定。内心坚定便是一个女人拥有的巨大财富，这些财富能够使女人拥有更顺遂的生活。

## 你的工作态度，代表了你的气质

一个人对工作的态度能够展现出自身的格局，工作态度能将自身内外的气质展现得一览无余。工作态度认真的女人往往拥有较高的品质，而且这种积极认真的工作态度能给别人留下一个好的印象，展现一种内在美。

工作态度不仅能影响到一个女人工作时的气质，还能够对工作以外与人交流合作的行为语言带来影响。一个拥有认真负责的工作态度的女人，在处理其他事情时往往也会受到认真负责的态度的影响，无论这些事情与工作是否有联系，均能处理得妥妥帖帖。

在一所高校周年校庆的宣讲会上，一位优秀毕业生即将上台发表演讲。当她从容而坚定地走到话筒前方时，观众席上同学们的目光纷纷被她吸引了。

受到全场瞩目的她不卑不亢地站在那里，微微一笑，先向大家做了一个简短的自我介绍。从她不疾不徐的语句中，大家了解到，她叫张曼，毕业七年，已是一家公司的副总。

听完介绍后，同学们大吃一惊，无不露出欣赏或怀疑的表情。

张曼看到大家的反应，似乎并不意外。她点了点头，对大家说："其实刚刚毕业时，我在一家不太起眼的公司打杂，但是我一直热衷于自己手中的工作，并认真负责地将它们一一完成，正是由于这种负责的工作态度，才能使我拥有今天的成就。"

在同学们的追问下，她给大家讲述了自己的工作经历。刚刚毕业来到一个新城市的张曼，带着青年人不顾一切的冲劲和野心，决定拼出一番事业。可刚到新公司时，因为资历浅，根本接触不到有价值的工作。张曼经常被上司指挥着做一些端茶倒水、整理文件、收取快递之类的零散工作。

但张曼并没有因此而气馁，反而被这些琐事激起了斗志。在她看来，任何一件工作都需要认真完成，每项任务都需要有人来督促并执行，端正的工作态度对工作的完成很重要。

因此，张曼可以说是十分开心地接下了这些活儿，还在公司前台旁空余位置放置了一个可以作为快递柜使用的简易分层小柜。不仅如此，她还在每层柜子上仔细地贴了标签，使大家可以根据工号来寻找快递的放置位置。有了这个柜子之后，同事们拿取快递省了不少时间，以往都要蹲在墙角翻找半天，现在只需要根据对应的编号查找，不到半分钟就能准确无误地拿到自己的快递，所有来拿快递的同事都对张曼连连称赞。

上司得知后，对张曼这个新人才算有了不错的印象，认为她做事细致耐心，因此带着张曼出席了第二天的会议。

这次的会议是一个知名的大公司联合了张曼目前所在公司和其他两家小公司共同举行的招标会议。张曼第一次参加这种重要的正式会议，尽管是旁听，但她依旧认认真真地在一旁做着记录，对比着三家公司投标方案各自突出的地方。会议结束后，一行人回到了各自的公司，打算对白天会议上的内容进行总结。

这时公司突然接到了甲方公司的电话，对方语气委婉地询问是否有白天会议上的录音文件。经询问后才了解到，原来是甲方公司内部对方案的内容有些争执，恰巧助理携带的录音笔坏了，想向投标的几家公司借一下录音好做分析。

张曼不仅将录音文件传了过去，邮件中还附了几张表格，在里面详细列出了项目中的每项工作所对应的负责人以及项目介绍分析，速度比其他几家投标公司都快了不少。

甲方收到文件后不久，就在私下联系了张曼，对张曼说公司高层很欣赏她这种工作态度，并邀请张曼来本公司任职。面对这样一个大企业的邀请，张曼怎能不心动？于是没过多久，张曼就跳槽了。

来到这家公司后，张曼才真正发挥出了自己的人生价值。六年多时间，她不断高升，一直走到了今天副总的位置。

同学们这才露出了恍然大悟的神色。张曼用自己的故事激励了大家，向大家展现了端正的工作态度所带来的光明前途。

就在同学们回味之时，张曼又讲述了她一个下属的故事。

这个下属是比张曼小了几届的学妹，因此张曼在工作上对她的关注也稍微多了一点，希望能在困难的事情上给她一些帮助。可谁知，这个下属根本不思进取，每天只会对着小镜子补妆，办事经常拖拖拉拉，本来上班时间能完成的工作非要拖到下班，不情不愿地加班时也是磨磨蹭蹭，经常把当天的工作拖到第二天才能完成。

张曼对这种工作态度不端正的员工没有过多好感，在约谈几次无果后，这个下属没能“安全”度过实习期，没能成为公司的正式员工。

张曼顿了顿，冲着观众席微微一笑，对同学们说道：“给大家分享这两段故事是为了让大家能够明白工作态度的重要性，一个合格的员工不仅要有出色的业务能力，更重要的是要有端正积极的工作态度。”

的确，许多女性初入社会时看不上那些基础的工作，认为这些工作不能发挥出自己的能力，但怀着认真负责态度工作的女性往往能在职场上走得更远。

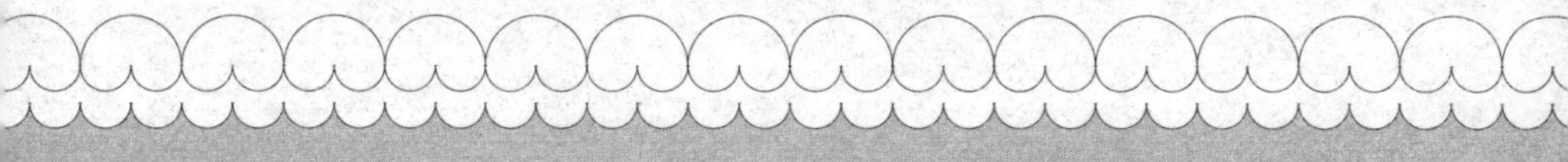

# 第二章

# 美丽有“质”，方能永葆青春

# 美丽有“质”，方能永葆青春

人们评价女性时，通常将外表作为评价的主要标准之一，认为外表条件优秀的年轻女性才称得上“成功女性”，甚至在整个社会中形成了这样一种风气。因而，越来越多的人信奉女性外表美更容易受到追捧。

其实真相并非如此，有些年长的女性尽管脸上已经有了岁月带来的磨砺与时光留下的痕迹，但她们在举手投足间散发出了一种优雅的品质，这种品质恰恰是那些仅外表光鲜、内里乏味的“花瓶”所模仿不来的。

成为真正内外兼美的女性并不难，在拥有外表条件后，需要历练的便是气质。气质并不是与生俱来的，它可以通过后天培养出来，而这种培养正是岁月所带来的层层磨炼。

想拥有绝佳的气质，就要在与人交往时有足够的底气，因为足够的底气可以让一名女性的一举一动都带有迷人的气息。

雅恩毕业后就和男朋友结了婚，本想着婚后就到大学期间实习的公司就职，谁知家里发生了一系列事情，忙完家里的事情后她又怀孕了。丈夫念及她身体原因，让她先专心在家休养，工作推后到生完孩子再说。不曾想，这一推，就推到了孩子上小学。

雅恩在家学习了与设计相关的知识，打算告别家庭主妇的身份，回归职场。这时的雅恩已经三十多岁了，还要与一群刚毕业的大学生一起排队等待面试。周围的人都对她投以不解的眼神，雅恩没有在意这些人或是好奇或是恶意的眼光，专心地为自己的面试做着准备。

面试时，雅恩遭到了主考官的拒绝，给出的原因很简单——这家设计公司想招一些年轻有活力的应届毕业生，雅恩的年龄不符合招聘条件。

雅恩并没有气馁，不卑不亢地对主考官说："请再给我一次机会，让我参加笔试。年龄并不能代表我的能力，希望我们可以给彼此一个合作的机会。"

主考官拗不过她，一方面认为她说得确实有道理，另一方面也想看一看她的真实水平，于是就答应了她。

不出意料，雅恩果然通过了笔试。参加复试时，人事部经理在问了她几个问题之后仍旧显得有些犹豫。他对笔试成绩第一的雅恩明显有好感，但是思虑再三还是说出了自己的顾虑："雅恩，你也知道，我们公司的市场定位原本就是偏年轻化的群体，因此，在招聘时公司方面会优先考虑刚刚毕业的大学生。”

雅恩解释道：“相信我笔试的答卷已经证明了我的设计能力，我也可以从年轻化群体的思维角度出发，设计出他们喜欢的产品。”

人事经理点了点头：“不错，但公司方面的顾虑依旧存在，尤其是你毕业之后一直待在家中，我们担心这些年你的思维方式已经和职场人士有些出入了。这样吧，今天先到这里，之后有了消息我们再通知你。”

雅恩深知这句话已是拒绝的潜台词，但她依旧带着灿烂的笑容走上前去，从口袋里拿出一张崭新的一元纸币，双手递了过去：“谢谢您，不论今天的复试成功与否，不管我是否被录取，请您务必要给我打一个电话，非常感谢。”

人事经理倒是第一次遇到这种情况，霎时间有些发愣，回过神之后微微笑了一下，问道：“你怎么知道我不会给没有录用的人打电话呢？”

雅恩笑了笑：“您之前说有了消息就打电话通知，那言下之意自然就是没有消息就不会通知了。”

人事经理此时对雅恩愈发感兴趣了，问道：“那这一元钱呢？”

雅恩微笑着对经理解释：“给没有被录用的人打电话不属

于公司的开支，所以我先把电话费预支给您，希望可以接到您的电话。”

人事经理看了看手里的纸币，将它递还给了雅恩：“这电话费还是你收着吧，我不会再打电话了，今天我就正式通知你，你被录用了。”

雅恩用自己的底气递出了一元钱，从而敲开了职场的大门。底气让雅恩可以在面对重重困难时内心依旧无所畏惧，勇敢地表达自我。这正是一种气质，一种无惧外界压力的独特气质。这样的气质消除了雅恩与应届大学生之间的年龄差别，让她有了青春的活力。

气质可以通过影响人的一举一动，从而影响一个人的习惯，进而对其外表带来正向的促进作用。

美丽并不是年轻女性的特质，即使年龄增长，其本身所具有的气质依旧能为其带来真正意义上的魅力。

细数著名的女性人物，无不具有出众的气质。外表的美是天生的，而气质却不是人人生而皆有的，气质是人们通过后天的“修炼”所形成的。

出生时，所有人都只是一个个号啕大哭的小婴儿，彼此之间相差无几，但通过后天环境的不断熏陶，造就了一个个独立而特殊的个体。有的人矫揉造作，有的人行事猥琐，有的人气质超然……只有真正意义上拥有了超群的气质，才能造就和之前迥然不同的人生。

作为一个女子，不必因时光流逝而过于介怀，因为回首过往时，所有的经历都是自己的一笔财富，所有的脚步都是生命中自己留下的痕迹，这些痕迹渐渐组成了自己的前半生。

岁月的磨砺带来的不仅仅是皱纹与沧桑，更多的是一种阅历，是一种阅览岁月带来的饱满气质。有了这种气质，青春就会在身上永远地留下影子，使人即使年过半百，依旧风韵犹存。因此，只有美丽中带有着超然的气质，才能做到“永葆青春”。

# 美貌终究敌不过岁月，智慧却历久弥新

仅凭外表很难断定一名女性的内在是否有着优厚的文化内涵。很多时候经历了岁月磨炼的女人往往比年轻漂亮的女人更有内涵、更有智慧，因为美貌终究敌不过岁月，可智慧往往能历久弥新。

智慧与肉体糅合后升华成了一种精神，这种精神能够变成人本身具有的一种能力，使人在与人交流交往时不自觉间便能散发出韵味与吸引力。智慧给女性带来的影响既包括理性方面，也包括感性方面。

那么，如何能拥有这种超然的智慧呢？从基础上来讲，可以借助书本的力量。读的书多了，气质自然会得到提升。曾国藩说过这样一句话："人之气质，本难改变，唯读书则可以变其气质。"不仅仅是气质，智慧有着同样的道理，书读得多了，接触到的知识自然会增多，那么智慧也就随之而来了。

张梅是一个普通的打工族，没有读过大学，高中毕业后就在家附近的商场里上班。她上下班时与同事交谈的话题十分有限，日复一日地过着寡淡的生活。

本来，张梅可能要像现在这样平平淡淡地过完人生中大部分的日子，可一件小事改变了她的想法。

有一次回老家，张梅遇到了正在读研究生的两个表妹。在和两个表妹交流时，张梅很明显地与她们没有共同话题，她感觉自己的生活和她们谈到的景象根本搭不上边。在自卑之余，她意识到自己非常向往这种生活，十分想在面对他人时能拥有这种侃侃而谈的底气。

于是，张梅私下里联系了两个表妹，委婉地表达了自己的想法，两个表妹不约而同地给了她一个建议——多看书，多学习。

在两位表妹的指导下，张梅阅读了大量书籍，从入门级书目渐渐地到那些几乎晦涩难懂的书籍，张梅都看得津津有味。没过多久，张梅再次约两个表妹出来，在见到张梅的第一眼时，两个表妹就露出了刮目相看的神色。

张梅深知自己变化的主要原因，她觉得自己与以前相比称得上是脱胎换骨了，在处理一些事情时也比以前多了几分智慧。

张梅沉淀了一段时间后，打算换个工作，好好地提升一下自己。

寻找新工作面试时，面试官们纷纷对张梅简历上的职业经历感到好奇，他们无论如何都没办法将一个普通的商场营业员和面前的人拼合到一起，他们觉得这样优秀的女性再怎么说也不应该屈居在一个平凡的岗位上。面试官根据自己的经验能大致能判断出商场营业员的工作内容，可面前的张梅在言行举止之间无不透露着一种饱含智慧的气质。

张梅淡淡地解释道，自己以前只是一个见识短浅的女人，在学习了一段时间后才成就了现在能在人前大方展现的自己。

面试官对张梅自然很满意，很快就通知她到公司报到了。不过人事部经理倒是第一次见到这种情况，对张梅本身也不太了解，于是暂时给她安排了一个不太重要的职位。

换作以前的张梅，肯定无法接受这个甚至带有贬低意味的职位，不过如今的她想得很开，因为如果是以前的自己，恐怕连这样的职位都谋不到。张梅十分看重这份工作，每天兢兢业业地完成自己手中的每一项工作任务。

身边的人在听说张梅跳槽的结果并不怎么理想时，纷纷劝她放弃现在的工作，回到之前那个清闲得有些无所事事的岗位，她笑着拒绝了。如今的张梅觉得，只要有智慧，自己在任何一个职位都能发光发热。

某天晚上，张梅像往常一样检查完电源和门窗后正准备离开公司时，突然听到所在办公室的电话铃响了。接起电话后，张梅才知道原来是最近正和自己公司合作的王经理打来的。王经理今天过来开会时不小心将一份重要文件落在了部门经理的办公桌上，由于第二天早晨大会上的决策需要用到这份文件，而他一时间联系不到部门经理，才出此下策打了办公室的电话。

张梅安慰了王经理一番，表示自己可以在公司等王经理过来取文件之后再离开。王经理在电话另一端表示很为难，因为飞机马上就要起飞了，去公司取文件就意味着错过航班。张梅安慰王经理，表示自己可以乘高铁连夜把文件送过去，王经理在电话那头连连道谢。两人会面后他更是不断道谢，并表示要给张梅一个惊喜。

为了不耽误第二天的工作，张梅送完文件就急忙搭高铁回公司了。进公司后，张梅本想像之前一样开始自己的工作，结果却被办公室的景象吓了一跳——公司的高层全来到了她所在的工作区。张梅的部门经理连忙解释，原来，张梅送文件的公司是自己公司的大客户，客户拿到重要文件后，直接在以往的订单量上又翻了一番，并且表示能在公司员工身上看到这样的闪光点，使他们认为和这样的公司合作很放心。高层结合了张梅之前的业绩，更是连连表扬她，自此后，张梅的职场生涯更加顺遂了。

张梅用智慧打通了自己的职场道路，由此可见，真正的智慧女性靠的并不是一点点小聪明，而是自身智慧所带来的风度。

拥有智慧的女人浑身上下都闪烁着耀眼的光芒，这种柔和而具有力量的光芒给女性周身环绕上一层迷人的魅力，这种魅力给人带来的吸引力远超那些青春的脸庞。

因此，尽管美貌终究敌不过岁月，可内在的智慧却历久弥新。

# 你可以不化妆，但不能不会化妆

活得精致的女性不仅会把生活和工作上的事情处理得井井有条，还能将自己收拾得利利索索。她们出门前不仅要换上一身合体且美观的衣服，还要画上精致的妆容。

妆容可以给人的外表起到画龙点睛的作用，所以作为一名女性，可以不化妆，但不能不会化妆。

与其说是为了通过化妆把自己变得更美更漂亮，不如将其称作一种仪式感，一种提升自己精致程度的仪式感，一种尊重自己，更是尊重他人的仪式感。

化妆这项仪式自古以来就有，而且这种仪式与经济无关，只是和人对于美的感知与对美好事物的创造能力有关。常言道：“爱美之心人皆有之。”可以说，爱美是人的天性，为了提升自己外表的美观程度，女性们会找到很多方法来装扮自己。早在原始时期，女性就开始用贝壳和好看的小石头来装饰自己。从出土的文物来看，各朝各代的女性都有着不同的妆容。

女性学会化妆，不仅仅是对于自己容颜的尊重，还是对遇见的每一个人的尊重，更是对生活的尊重。

刘微是一家小饭店的老板，每天早上都要早早起床准备饭店上午营业需要用到的材料，清洗配菜、准备调料，每一件事她都亲力亲为。即使生活十分忙碌也十分劳累，可人到中年的刘微依旧神采奕奕，面容姣好的她似乎拥有让时间静止的魔力，将岁月杀得片甲不留。

每天早上，刘微都会早早起床，仔细地梳理一遍头发，修理一下眉毛，给自己画一个淡妆。有型的眉毛和平滑的眼线能给她带来更丰富的神采，遮瑕和粉底则能掩盖住疲惫的面容，腮红和口红能增添几分红润的气色。

天气十分炎热时，刘微依旧淡妆不改，衣服也一直整整齐齐。反观隔壁店铺的老板娘，头发随意地盘在脑后，脸上全是汗水，身上穿的则是为了凉爽而没有什么造型的宽大汗衫。相比之下，刘微整个人显得出彩不少，人们也更爱来刘微的饭店吃饭，觉得店如其人，她经营的饭店一定也是干净整洁的。

有一天，隔壁老板娘前来串门，刘微当时正坐在柜台边，一边等着最后一桌客人吃完饭，一边比较着手中两根口红色号的差别。隔壁老板娘看到这个场景，不解地问道："饭店工作这么辛苦，你怎么还有心思化妆呢？下班后还要卸妆不会觉得很累吗？”

刘微笑着摇了摇头：“不会觉得累啊，每天早晚花二十分钟就能解决了呀。再说，你也知道我们这一行工作十分辛苦，那更要化点淡妆遮盖一下脸上的疲劳了。我不化妆的话，脸上的黑眼圈遮不住，显得一点精神都没有，如果碰上身体不太舒服时，那气色就更糟糕了，不化妆看起来能老十多岁呢。化完妆就不一样啦，不仅能把皮肤的缺点掩盖住，而且不光让我自己有自信，别人看见了心里也更舒服一点。”

化妆并不只是尊重自己的行为，还可以照顾到别人的感受，从而起到尊重他人的作用。每个女性的生活态度都能通过她的面容展现出来，热爱生活的女性绝不会允许自己不修边幅，而是以最饱满的精神面貌来迎接生活，迎接自己所遇见的每一个人。

化妆并不仅仅包括通过化妆品来装扮自己，还包含着通过良好习惯来将自己变漂亮。那些受人敬仰的“女神”，不仅可以少睡两个小时来护肤和化妆，还能为了拥有白皙光洁的皮肤，拒绝原本喜欢的甜食和辛辣的食物；为了保持身材，戒掉夜宵和暴饮暴食的习惯，坚持健身。在这样的女性眼中，这种生活习惯可以留住美，更会给生活带来许多积极的影响。

小优结婚已经十多年了，尽管年龄已超过了四十岁，但她依旧有着像刚结完婚时那种饱满的精神面貌和姣好的面容。仅从外表判断的话，绝对看不出她是一个孩子已经上了小学的妈妈。

小优每次出门都会将自己打扮得容光焕发。朋友们都觉得她出门前会刻意收拾很久，可有一天朋友临时到她家时却发现，小优不仅仅是出门的时候精致，在家的时候也一样精致。

朋友们到她家里时，一时间竟以为她要出门，询问之下才得知，她习惯了将家中打理得井井有条，也习惯了随时将自己装扮得漂漂亮亮。她觉得这样不仅能带给自己好心情，见到自己的人也能保持心情愉悦，更是对客人的尊重。

除此之外，她还会在出门时根据自己的心情来设计妆容并且搭配不同的衣服，孩子放学和丈夫下班后看见这样的她也会有着同样愉悦的心情。

小优将自己的生活过出了仪式感，对生活而言，无疑是莫大的尊重。当一个女人对生活付出这样的尊重时，生活也会把同等的尊重送还给她。

生活需要仪式感。当我们画完美美的妆容，搭配着好看的衣服时，走起路来都能散发出自信，言行举止也能散发出充满底气的优雅气质。

# 爱读古诗的女人，优雅到骨子里

在这个信息化高速发展的年代，人们越来越关注荧光屏上不断上涨的经济指数，却渐渐忽略了对文化情操的陶冶。许多人认识到了这种情况，开始注重精神文化的建设，于是一档档文化综艺节目竞相开播，比如《中国诗词大会》，从中国诗词文化入手，呼吁人们关注文化。节目中不乏许多女性形象，她们的年龄有长有少，为观众呈现出了一场场精妙绝伦的诗词盛会。

的确，诗词拥有着陶冶情操的魔力，爱读古诗的女人也优雅到了骨子里。她们的一举一动无不带着别样的韵味。这种美与人的外表无关，只与内在的文化底蕴息息相关。

诚如17世纪英国哲学家培根在《论读书》中所提到的：“读史使人明智，读诗使人灵秀，数学使人周密，科学使人深刻，伦理学使人庄重，逻辑修辞之学使人善辩；凡有所学，皆成性格。”的确，读诗可以使人脱离低级趣味，更加文明高雅。

被胡适誉为中国一代才女的林徽因，在建筑与文化方面均有着很大的贡献，她在一生中创作了不计其数的诗歌。

提起林徽因，很多人心中便浮起“不食人间烟火”“优雅”等词语，她的形象始终是高雅而柔和的，像玉石一样温润，又像钻石一样闪烁。金岳霖也形容她：“一身诗意千寻瀑，万古人间四月天。”

林徽因生于书香门第之家，出国留学之前，一直接受着中式的教育，非常有才气，浑身上下充斥着一种诗人的气质。她在各个方面都有着领先于人的长处，所写的文章更是充满了诗一般的语言。这种从骨子里透露着优雅的女性形象无疑是受人欢迎的，许多文学家都对林徽因赞叹不已。

她拥有的内涵足以向所有人表达古诗对人的引导性——古诗可以让一个女人变得灵秀，可以改变一个女人的性格，陶冶女人的情操。因此，我们不得不说，爱读古诗的女人，气质已经浸入到了骨髓，优雅到了骨子里。

千百年来，能够流传至今的诗篇自然是出类拔萃的。这些古诗可以成为一个女人的良师益友，让她的灵魂得到升华。古诗可以使女人的心避开浮躁的世俗，对人生有着新的感悟，从而开启一种宁静致远的淡泊生活。

杨文是一所中学的教师，但她和许多人认知范围内的老师有着很大的出入。从外表上来看，她并不像其他同事一样穿着板板正正的职业装，而是时常在职业装里搭配一件自己手工做的衣服，领边精致的绣花给她带来了一种雅致的点缀。

然而，如果判断她与常人的区别仅仅是这样的话那就大错特错了。杨文在工作之余经常读一些古诗，在透彻理解古诗后，会在上课的时候结合课堂内容给同学们展现出来，同学们也特别喜欢这位爱念古诗的杨老师。

杨文经常把和古诗有关的书带在身边，一有闲暇就拿出书本津津有味地看，同事们一开始不太理解，但感受到她像古人一样淡雅的处事方式时，就对其表示了赞同。杨文古诗看得多了，不免沾染了一些书卷之气，平时说起话来也不急不躁，在处理一些班级事务时也不会发脾气，通常只用几句话就能点出处理事情的关键，从而快速地将事情解决。

同学们在提起杨文时，经常会有一种尊重中带着向往的神情，生活中遇到问题时也更爱去寻求她的帮助。杨文也经常代表学校参加一些活动，接触到杨文的人都会对她不由自主地生出赞赏。

杨文经常用古诗里的角色和形象来教育学生，学生们有时候会调侃她抢了语文老师的饭碗，杨文听到之后也不生气，笑呵呵地说多读些书总归是有好处的。

在杨文的影响下，她身边的同事和学生们也渐渐地读起了古诗，课余时间经常一起交流分享。久而久之，学校的文化氛围越来越浓厚了，不仅如此，在多所学校联合举办的诗歌竞赛上，杨文所在的学校获得了一等奖。年度评优时，杨文也从众多“竞争对手”中脱颖而出，获得了“最优雅教师”的称号。杨文并未对这个称号有过多的热情，对大家的追捧也一直报以淡泊的看法，大家纷纷称赞杨文老师人如其名，“高雅”二字已经刻在了她的骨子里。

社会中并不乏这样爱好古诗的人。在这个群体中，也许他们的出身与生活背景并不相同，可从某种意义上来讲，他们又是相同的，他们都有着古诗所带来的优雅与从容，心中都有一片宁静淡泊的诗意天堂。

爱读古诗的女性更是如此，从古诗中可以汲取很多提升气质的养分。古诗不仅仅是一句句简单的话语，它勾勒的是千百年前的生活场景，浓缩了古人的生活智慧，表达了古人对美好事物的不懈追求。当你真正读懂古诗时，就能明白千百年前古人的心意，就能拥有诗中所描述的那种超然淡泊的心境。

# 音乐如清泉，滋养干涸心田

对于生活和工作所带来的压力，不同的人群有着不同的疏解方式，其中，音乐是一种应用范围比较广的解压方式。除此之外，音乐还具有与众不同的陶冶情操的能力，可以给人带来潜移默化的影响。

在所有的艺术表达形式里，音乐是最能抒发情感、最容易引起人们感情上共鸣的艺术。音乐可以使原本性格不同的人聚在一起，架起一道沟通的桥梁。

我们经常在新闻中看到公路上出现的驾驶问题，许多司机开车时容易情绪激动，急躁状态下很容易与人发生冲突，我们通常将这种现象称为“路怒症”。但路怒症并不是没有办法解决的，国外研究人员就曾针对这种现象做过一个实验，即采取虚拟的景象对一些测试者进行模拟驾车练习。练习期间，测试者不仅需要根据路况来调整车速，还需要注意闪避路上的行人和车辆。

研究者们在测试者的皮肤上连接了电极，测试他们的心理状态。实验结果证明，轻柔舒缓的抒情音乐可以达到放松身心的效果，并且能大幅度地减少事故发生的频率。

引经据典，也不难找到许多由音乐引发的动人故事——“琴瑟友之，钟鼓乐之”，寥寥数语便勾勒出用音乐追求女子的生动画面；《高山流水》使俞伯牙和钟子期成为知音；一曲《凤求凰》促成了司马相如和卓文君的美好姻缘……

由此可见，音乐可以由人的听觉系统传入脑神经中，影响至人内心深处。

小余是一个跨国公司的高级白领，越来越多的工作量迫使她不得不天天加班，朝九晚五几乎成了一种奢望。这种高强度的工作给她带来了很大的心理压力，小余也因此丧失了自己闲暇之余的乐趣，焦虑和压力即将把她压垮。

小余意识到自己这样下去不行，应该找一些缓解压力的方式来适当地放松一下。忙完手头的工作，小余立即向公司请了一个小长假。公司批准之后，许久没有休过周末的小余终于盼来了一个假期。

面对着难得的假期，小余一时有些手足无措，乍一放松的状态和原先的生活出入太大了，心里不免有些空落落的。可是如果只是漫无目的地放空，重回工作岗位之后这种情绪又会产生，因此要寻找一个合适的解压方法。

小余上网了解了一下其他人的解压方式，心里快速地做出了一个简易方案——靠运动流汗缓解焦虑对自己来说并没有太大作用，以前在健身房办的卡快过期了也没去过几次；暴饮暴食确实解压，但对身体又不太好……再三权衡之下，小余决定按照多数人的选择——来一场说走就走的旅行。

小余订完机票后只大致规划了一下路线，就怀着期待的心情踏上了旅途。

可谁知天不遂人愿，旅途中遇到的种种麻烦使小余原本的美好期待化为了泡影，随之而来的是多了一倍的焦虑与烦恼。

情绪即将爆发的小余找到了一间酒吧，自暴自弃地想用酒精来麻痹自己。可进到酒吧之后小余才发现，这间酒吧与自己想象中的样子有着很大的不同。酒吧的氛围很好，并不像她想象中乱糟糟的样子。天色还不算晚，酒吧里也只有零零散散的几个人。小余随便点了一杯鸡尾酒就在吧台边坐下了，然后随意地将眼神放在了小舞台上。

舞台上有一个穿着一身亚麻材质衣服的年轻男子在调吉他弦。这时小余还很纳闷，她一直以为酒吧的歌手只有摇滚型的，想不到在这个陌生的城市居然见到了一个“异类”。想到这里，小余对这个男子的关注不禁多了几分，她坐到靠近舞台的位置，打算听一听他将要唱的歌。

吉他很快调试完毕，舞台上的男子轻轻拨动琴弦，弹出了一首柔缓的曲子。随着吉他发出的声音，歌手也开始缓缓地唱出了歌词。小余听出来那是自己曾听过的一首《平凡之路》。她轻轻地笑了一下，以前很少听音乐，当时不觉得有什么感触，现在在这样的场景和心境下，竟然奇迹般地生出了一丝共鸣。

台上的音乐也渐渐地由主歌转到了副歌，旋律也由一开始的平缓变得有些高昂。副歌开始时，歌手投入地闭上了眼睛：

我曾经跨过山河大海，也穿过人山人海。

我曾经拥有着的一切，转眼都飘散如烟。

我曾经失落失望失掉所有方向

直到看见平凡才是唯一的答案

歌手再次睁开眼睛时，竟然发现台下的小余已泪流满面。他不由得愣了一下，但他很快又将注意力放回了歌中，只留了一小部分的注意力来观察小余。小余情绪平静下来之后，正在为自己的失态感到有些羞愧时，听见舞台上传来了声音：“这位美丽的女士，我能帮你什么吗？”

小余擦了擦眼角的眼泪，大方地对他说：“我想再听你唱一首，可以吗？”

男子点了点头，调好吉他，再次张口时，唱了一首许巍的

《完美生活》。小余目不转睛地看着歌手，觉得自己茫然的心好像有了归属，那些负面情绪竟奇迹般地一扫而光了。

音乐力量的强大很可能超越了我们的预知。尼采说过：“如果没有音乐，生活就是一个错误。”音乐穿过了语言的限制，穿过了地域，将世界上原本陌生的人连接在一起。无论何时，只要有音乐声响起，人们那原本干涸的心田便会得到滋养。

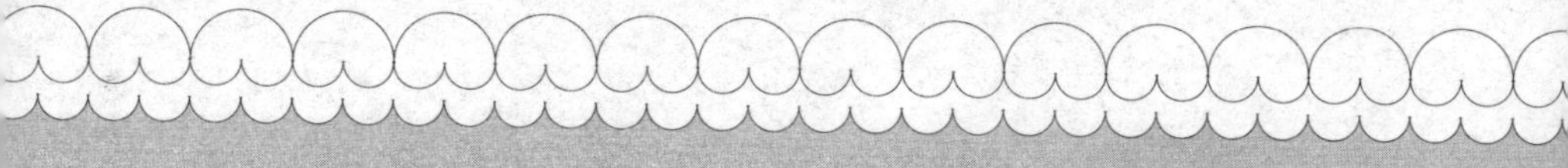

# 第三章

# 越高级越独立，为自己而活

## 越高级越独立，为自己而活

小时候，在家中和学校里听家长和老师们说过最多的一个词语就是“独立”。在家要独立，要照顾好自己的衣食起居；出门在外也要独立，自己能办到的事情不要依靠别人。这些自小就进行的独立训练让人们可以在长大后省却很多烦恼，真正过上自己想要的生活。

社会中不乏这样的独立女性，她们每日都努力奋斗着，用自己的双手创造出自己想要的生活。

小湘是一位年轻的女性，虽然毕业没多久，但凭借着自己惊人的业绩和出色的工作能力，很快就坐到了主管的位置。

这天，小湘像往常一样结束了一天辛勤的工作，回到家中洗漱完毕后正准备睡下，忽然接到了朋友小曲的电话。小曲跟小湘是同届的同学，毕业后在另一个公司做部门助理，每天为公司的事情忙里忙外。

小湘接起电话，刚打完招呼就听见了电话另一端传来小曲的啜泣声，她还没来得及安慰，又听见小曲抱怨生活的话语。小曲略带委屈地说起了同单位办公室中另外一位女孩子，她每天都有男朋友开着豪车接送，风雨无阻，而自己只能计划着公交地铁怎样乘坐比较合适，夏天在骄阳下一边抹掉额头的汗珠一边在人群中奔走，冬天只能在寒风里颤抖着挤上沙丁鱼罐头一样的地铁。

小曲接着又抱怨起了自己的男友。大学时两人幻想着未来的美好生活，如今却被现实压迫得再也没有回顾从前的勇气。本以为工作后的日子会和和美美，男朋友会像自己想象中的那样时不时地带自己出门吃一顿大餐，却猜不到现实却是只能和男友一起到拥挤的市场买一些降价的水果蔬菜，上学期间曾许诺过一起看演唱会的事也成了镜中花、水中月。

小曲从男朋友又说到了自己的将来。她明年可能就要和男朋友结婚了，并没有她想象中的新房子和豪车，有的只是在老居民楼里几乎看不到未来的拮据日子。小曲沮丧的声音快要顺着电话线将小湘淹没，小湘的安慰刚刚说出半句就被小曲打断了。

小曲开始指责人生。为什么她的男朋友不像别人那样优秀？说着说着便后悔起当初的决定。如果她毕业后没有来这家公司上班，而是考了研究生接着念书，那她就可以接着在校园里靠着父母给的生活费再过几年无忧无虑的日子……

小湘再也忍不住了，开口反驳了昔日好友："人的起点确实不一样，或许你同事的男友比你男友有钱，可你在抱怨时想过你的男友吗？对，他的工资微薄，现在还不足以维持你们即将组成的家庭的日常开销，可他在工作的时候一定满心想着的都是要给你更好的生活。尽管他没有足够让你挥霍的家境，可当他在工作上拼尽全力的时候，你有想过为他做些什么吗？

"你明明可以用自己的能力来换取自己想要的生活，为什么一定要依靠男友和父母呢？生活中各种美好的可能性都可以依靠自己的双手来实现，真正独立的人会期待用自己的双手给自己创造美好生活，而不是依靠别人！"

小曲被小湘的话镇住了！是啊，小湘现在能比自己过得好，恐怕也是因为这样吧？小湘身上一直有一种自己所没有的精神，这种独立的精神让小湘能在生活的道路上走得更加坚定。

做一名经济独立的女性，不用在消费时伸手向别人要钱，当自己有了经济大权，说话与做事才会有底气。不过真正的独立不仅仅是经济独立，还要做到情感上的独立。

要做到情感独立必须要拥有主见，有主见的女人才能事事不依靠别人，用自己的能力来处理遇到的一切问题，把生活都变成属于自己的时光。

被白先勇评价为“不世出的天才”的张爱玲，遇见胡兰成之后，从一个工作、事业和经济独立的女性，变成了可以将一切都放下的人。她对胡兰成表现出了十足的爱，将自己放得很低很低。

胡兰成自己也曾提到过，张爱玲曾将杂志上自己的照片送给他，并在照片后面写下了一行文字：“见了他，她变得很低很低，低到尘埃里，但心是欢喜的，从尘埃里开出花来。”可能就是因为她将自己的姿态放得过于低，将自己变得过于卑微，才导致自己的一腔真心更容易被胡兰成践踏。

胡兰成其人风流，身边从未缺过女人。胡兰成与张爱玲结婚仅仅两年后，在去武汉出差时就移情别恋到了一位护士身上，此后有过的女人更是不计其数。即便是这样一个人，张爱玲在很久以后写信给他表示诀别时，依旧在信件中附了三十万稿费。然而，这样的深情最终也没能感动胡兰成。张爱玲在这段爱情中付出很多，到头来也不过是落得胡兰成口中的那一句：“只觉得她都是好的。”

不仅仅是爱情，亲情上也不可过于依赖他人，要始终保持一颗清醒的头脑和一种独立的精神。不依赖他人是一味良药，使人随时能够理智地思考，而不是盲目地依靠他人。

在这个现实的社会中，只有信奉广为流传的那句“求人不如求己”，才能在事业与生活中过得更加顺遂。独立可以给事业和生活带来一份保障，独力的女性在世间活得更有底气，更加潇洒。

越高级的女人往往越独立，越懂得如何为自己而活。

# 既然不是天生丽质，就要后天励志

通往成功的方式有千百种，每个人努力的方向不同，取得的成就也大不相同。也许有很多外表条件优秀的女性，可以依靠外观上的优越条件轻易获得自己想要的东西，但这样的女人只是少数，生活中大多数女人都缺乏这样的优越条件。

在没有可利用的外表条件的情况下就要靠自己的努力奋斗来换取自己想要的一切。后天励志的方式有很多种，有的女人在心里一直给自己打气，遇到困难时不轻言放弃，相信自己可以；有的女人努力学习了很多课程，用知识武装自己；有的女人通过参加各种活动，开拓眼界……这些不同种类的励志方式均可以使自身得到提升。

张鸥是一家公司的部门主管，每天除了上班时间努力工作之外，在家的时候她也不闲着。她经常会买一些与工作相关的书籍，晚上吃完饭后翻翻书，查查资料，认真地进行研究。正是因为保持着这样的良好习惯，每次开会的时候她总会有许多新奇的主意，工作的时候也总会运用很多巧妙的方法。面对大家的赞赏，她总会谦虚地说自己只是看了点资料，学了一些皮毛。

张鸥的朋友阿妍是一个教育机构的老师，最近有学生毕业，她收到了学生送的一些水果，想着自己一个人在保质期内吃不完，便想给张鸥送一些，恰好听说张鸥这几天休假，索性开着车直接给她送了过来。

张鸥开门接过朋友带来的一大箱水果，往冰箱里放水果时突然问起阿妍学日语的情况。阿妍愣了愣，问道："你最近要学日语吗？"

张鸥点了点头，说："我前阵子报了个网课，打算好好练一下口语，过几天就要上课了，我这两天得把上课需要的东西准备一下。"

阿妍吃惊地问道："你都已经坐上主管的职位了，为什么不干脆招一个翻译，而要自己这么卖力地学日语呢？"

张鸥听到这个问题笑了笑，回答她："我想多充实自己一下，活到老学到老嘛，再说现在行业竞争的压力这么大，我止步不前的话很快就会被别人反超啊！那时候再想学就晚啦，多学一点东西总是没错的。"

阿妍突然就想明白了。张鸥一直都是这样一个人，她在上大学的时候就经常自主学习很多东西，有时候深夜还在开着小台灯看书。想到这里，阿妍不禁问出了心中早有的疑问："小鸥啊，其实我一直不太明白，你为什么能一直对学习充满兴趣呢？工作了还能一直像以前一样努力，你是怎么做到的啊？"

张鸥把手里最后一个水果放进了冰箱，关上冰箱门之后边往客厅走边说："我小时候家境不好，很多我想要的东西，父母因为经济原因很难给我，我又不忍心看他们为难的表情，那时我就暗自下了决心，以后一定要成为一个很厉害的人。但是这种念头真正萌芽是在读了中学以后，我渐渐地发现自己并不像那些漂亮的女生一样受欢迎，那时我就想，也许每个人的先天条件不同，出发点不一样，但这并不能代表什么。我确实不如那些人长得漂亮，但我坚信我可以通过后天的努力来换取自己想要的。"

阿妍若有所思地点了点头："其实我特别佩服你这种励志的精神，每当我遇到困难想要放弃时，总会先在心里想一想，如果换作是你的话，你会怎么办，一想到这里我就有了把事情做完的决心。"

张鸥笑了笑，点了点头。后来，阿妍给她提了很多关于学习日语的小建议，张鸥拿备忘录记得认认真真。

我们没有凭借外貌占尽优势的资本，但我们可以选择做一个励志的女人。励志可以让一个女人凭借后天的努力，得到自己想要的生活。

小舒大学期间一直是播音社团的得力干将，毕业找工作时她将这个写进了履历里，希望能够为自己加分。

小舒进入了一家传媒公司，主要负责后期制作。工作了一段时间后，公司要举办一场隆重的活动，整个公司都为这场活动忙碌。在活动举办的前一天，女主持突然生了一场急病，没办法负责这场活动的主持工作了。一时间，活动的负责人急得团团转，这么短的时间去哪里找一个业务过关的主持人呢？小舒的主管突然想到小舒有播音的特长，而且长得也很漂亮，就直接将小舒推荐了过去。

可是小舒最近迷上了一款网游，每天下班之后都沉浸在游戏世界中，无暇复习播音的知识和注意事项。接过这个主持任务之后，她心想反正就是简短的几段稿子，明天直接读一下再临场发挥一下就行了，应该不会有什么问题。

第二天，小舒抱着侥幸心理上了台，结果不仅好几次将字读错，还有几次轮到她发言的时候没接上词，这才慌了起来。可是事已至此，后悔已经没用了，她只能硬着头皮把下半场主持完。下台的时候，小舒甚至不敢抬头看主管的眼神。

活动结束之后小舒虽然有些懊恼，但依旧抱着侥幸心理，心想公司应该不会过多责备自己。结果，活动后的总结会上，小舒受到了上司的严厉指责。

小舒并没有把握住自己的外表条件和播音基础带来的机会，

浪费了优越的先天条件。如果小舒在排练时再认真一些，再多看几遍稿子，就绝对不会出现这样低级的失误。

也许有时候我们的外表条件比不过那些漂亮的女性，但是后天励志依旧可以为我们带来工作与生活上的成功。

# 豁得出去，人生总得奋不顾身一次

生活中，有些人看到别人的成功就会抱怨：“为什么好事从来轮不到我呢？”殊不知，别人的成功不是由于幸运，而是通过努力奋斗换来的。换言之，就是机遇从来不是上天赐予的，而是自己动手创造的。

人生在世，总要奋不顾身地拼一把，才有机会赢得自己想要的。

女性在大多数人刻板的印象中被打上了柔弱的标签，这种片面的看法并不能对女性进行精准的描述和概括。事实上，很多时候女性也可以豁出去，为自己的生活奋不顾身地拼一次。

文菲是一个刚刚大学毕业的医学生，最近刚接到市里最好的一家医院的通知，为实习工作忙碌地做着准备。文菲深知这家医院的实力，如果能留在医院工作的话，不仅未来的事业很有前景，自己也可以学到很多知识、积累很多经验。于是，文菲决定在实习期一定好好表现，无论如何都要留下来。

医院的工作十分忙碌，许多琐碎的工作都需要文菲来完成，但她没有怨言。她知道，与她一同前来实习的毕业生还有很多，决定去留的权力在医院手中，她只有在实习期间好好工作，发挥出自己在学校学到的所有知识，才有可能留下来。况且，进入这家医院实习的机会很可能一生就这一次，因此文菲分外珍惜这个来之不易的机会，一直保持着谦卑的态度学习各种新知识。

文菲的优异表现全都看在了主任眼里，可仅凭主任一人无法决定文菲的去留，况且还有许多同样优秀的实习生，主任只能告诉文菲，再努力一点，只要表现得足够好，业务能力比其他人优秀，就能得到这个工作岗位。文菲也一直暗自给自己打气，不要放弃，再拼一把就能做得更好。

文菲在医院的各个科室都轮转工作了一遍，最后到达的科室是妇产科。这时同批的实习生有的因为工作强度太大主动放弃了，有的因为浑水摸鱼被医院私下劝退了，只有文菲和其他四位小姑娘来到了这个科室。五个人一直暗地里较着劲，说什么都不肯落于人后，生怕自己出了什么纰漏与医院的转正通知擦肩而过。

有一天，五个人同时接到了通知，要求她们一起去接一名孕妇。上了救护车她们才发现车里已经有一位副院长、一位主任医师和两位业务熟练的助产护士，包括文菲在内的五位实习医生一上车就显得有些拥挤了。这样的阵仗倒是第一次见，副院长解释过后大家才明白，原来要接的这名孕妇的身份比较特殊，因此让五位实习生一起来参加，也希望她们能通过这次机会学习一些知识。听到这里，五个人内心已经有了答案，这不仅是一次学习机会，恐怕也是一次考核，因此都做好了充足的心理准备，希望可以在这次的手术中好好表现。

救护车速度很快，一路呼啸着开到了孕妇的家门口。待产的孕妇和丈夫早已等在了门口，五个实习医生纷纷下车将孕妇扶上了车，本以为可以像来时那样一路顺遂地开回医院，此时却发生了一个意外。

最后一个上车的文菲发现车上已经有些拥挤了，孕妇的丈夫这时挤不上来了。文菲看到这种情况，内心有一分犹豫，随即咬了咬牙，从车上跳了下来，把孕妇的丈夫扶上了车。接着，她示意他们先走，抬手将自己关在了门外。

看着救护车越来越远，文菲内心有些荒凉，身处郊区不好打车，她只能掏出手机叫了一辆专车。在等司机来接的时候，文菲思索着自己的行为，发现并没有产生后悔的情绪，因为她觉得自己的举动确保了孕妇可以快速到达医院，而且自己即使不能留在医院，在实习期内忙碌的工作和付出也使自己学到了很多在学校学不到的知识。

到达医院后，她果然错过了这场手术。手术结束时，文菲连忙迎上去询问手术结果，主任医师摘下口罩露出了疲倦的神色。原来，这次的生产过程并不是十分顺利，中途产妇一度坚持不下去，好在有丈夫一直在一旁安慰和鼓励，孩子才算顺利出生。文菲舒了一口气，在为母子平安感到高兴的同时也暗自庆幸当时的决定，好在自己豁出去咬牙没上车，否则现在的结果恐怕难以预料……

产妇的丈夫看到文菲时，不住地向她表示感谢，连副院长此时也过来拍了拍文菲的肩膀。文菲笑了笑，就去处理自己的工作了。

没过多久，医院的转正通知下来了，文菲本以为自己错过了考核手术，已经和这个工作岗位无缘了，没想到的是，她竟被留了下来。副院长此时说明了缘由："虽然你错过了几天前的学习机会，但你的行为大家都能理解。车上虽然有很多医生，但产妇不能没有家属，你做得很对。况且你之前的工作态度和成绩大家都看在眼里，医院也为能拥有这样有职业道德的医生感到荣幸。"

文菲点了点头，在庆幸自己的选择时也为自己感到骄傲。

人生中总要有几次奋不顾身，这种拼搏不仅可以扭转现下的局势，也能给自己在绝境中创造机会。从来没有"天上掉馅饼"的好事，所有的机会都是靠自己抓住的。

我们要敢于豁得出去，因为人生总要奋不顾身一次才算完整。

# 你要温柔善良且有锋芒

从小父母就教育我们做人要善良。在学校的时候要对同学友善，在工作中要对同事和善，将来成家对爱人及家人更要孝善，甚至对待萍水相逢的陌生人，当他们需要帮助时，也应该要时刻保持一颗热情善良的心。在纷繁复杂的社会生活中，与人为善没有错，但是善良也得带点锋芒，否则只会被自己的善良所灼伤。

小美是一个毕业后初入职场的小白，尽管不太懂职场规则，但是她觉得自己乐于助人，又比较踏实好学，肯定能够得到老板和同事的赏识与喜爱。由于小美租住的房子距离公司比较近，又由于她是单身，平时时间比较充足，所以每当公司处理一些琐碎的事情时，总会叫醒周末在家睡觉的小美，小美也十分愿意为公司付出自己的一份力。

有一次下班时下起了大雨，同事忘记带伞，小美便把自己的伞借给了她，自己淋雨跑回了家，为此还生了一场病。但是，事后同事既没有把伞还给小美，也没有对她表示感谢，小美心想可能是她工作比较忙忘记了。

后来，又有一位同事因为要去和男朋友约会，让小美顶岗，小美也欣然答应了。

在小美看来，自己对同事都十分友好，可以算是有求必应了，没道理大家不喜欢自己。

然而，这种有求必应未必会得到每个人的感激，时间长了别人反而会觉得你帮他是应该的，一旦拒绝，别人很可能会恼羞成怒地指责你。

有一次，同事又想和小美换班，但是换班的那天正好是小美父母过来看她的日子，小美便拒绝了同事换班的要求。同事听后勃然大怒，冲着小美吼了起来："你这人怎么这么自私？你能帮其他人就不能帮我，肯定是故意不想帮我的，不想帮忙就直说，还找借口！"小美虽然很委屈，但是没有和同事计较，因为她觉得事后同事会明白自己是真的有事才不能帮忙的。但是事实并不是这样，在不久后的公司转正申请中小美没有通过。原因很简单，因为公司的转正规定中有一项是老员工对实习生的评分，在这项评分中，那个之前和她吵架的同事果断地为小美打了零分。这让小美十分伤心和难过，有苦也没地方说。

假如小美在同事与她争吵的时候，鼓足勇气去和同事争论，向同事坚定地说明自己是真的有事，并且严肃地告诉同事，帮他是自己好心，但是并不是义务，让同事们都看到自己并不是软弱，而是善良，或许她就可以得到更多人的喜爱和尊重。

当我们的善良带点锋芒时，善良才会变得有意义。美国著名思想家爱默生说过："你的善良必须有点锋芒——不然就等于零。"

一位在校大学生在马路上好心扶起一个摔倒的老人，却被老人反咬一口。大家也都为大学生的善良感到不值。大学生本来不想去和老人计较那么多，但后来这位老人却变本加厉要求大学生给他一大笔钱作为撞人的赔偿。大学生终于按捺不住，把事情的全部过程和真相展现了出来。原来大学生扶起老人的前后过程已经被他的同伴用手机视频完整地记录了下来，因为是监控盲区，他们记录的目的就是为了避免此类争吵误会的发生，但是他们没想到这个视频居然真的派上用场了。后来老人也意识到了自己的错误，向大学生真诚地道歉，请求原谅，并且邀请他到自己的家中做客，还向家人夸奖了大学生。

这个事情并不是告诉我们不要去帮助身边类似于老人这种弱势群体，而是告诉我们，当遇到这种情况的时候帮忙的同时要学会保护自己。现在的社会需要更多像这位大学生一样的见义勇为的好人，需要更多的正能量。当然，我们也希望看到更多见义智为的人。

所以，从现在开始，告诉自己，我们要善良，更要在温柔中带有锋芒！

## 女人，有时候还是需要一点韧性

人们一直对女性有着片面的认识，认为女性就应该是柔弱的存在，依附于强壮的事物才能存活。然而事实并不是这样，很多女性通过发挥自身的韧性，将自己变成了强大的存在。

“君当作磐石，妾当作蒲苇”，古人将女性比作蒲苇不是没有道理的。蒲苇看起来细细弱弱的样子，好像稍大的风就能将其摧毁，但却有着坚韧的特质，即使用力拉扯也不易断裂。而女性也是如此，外表看似柔弱，实则具有坚韧而强大的能量。

韧性可以使得人能够在奋斗的途中不易被困难所击倒，坚定地一路向前，最终到达成功的彼岸。因此，有时候女人还是需要一点韧性才更容易拼出自己想要的生活。

葛颖就是一个具有韧性的女孩子。她从小家庭生活比较困难，很少像其他孩子一样能够随心所欲地花钱买东西。别人喜欢玩的玩具她很少能玩到，别人经常吃的零食她也从来不知道是什么味道。但她很少对家人流露出羡慕的神色，不想让被经济负担压垮的妈妈再因为她露出为难的神色。

葛颖的家庭情况一直比较特殊，父亲因为重病一直瘫痪在床，家里的劳动力就只有母亲一个人。母亲每个月除了负担家庭的正常开支，还要支付她的学费以及父亲的医药费。懂事的葛颖从来不会向母亲伸手要额外的钱，而母亲偶尔给的零花钱她恨不得掰成两半儿花。

高二这年，葛颖的父亲因为没能战胜病魔，过早地离开了人世，葛颖请了两周的假来帮妈妈处理家中的事情。等葛颖回到学校之后，发现班干部们得知她的家庭情况后发动大家给她捐了款，葛颖深受感动，走上讲台给大家深深地鞠了一个躬，良久才站直身体，眼中含着泪向同学们表达了谢意。婉言谢绝大家的同时，她向大家讲述了家里的情况，当同学们深受触动纷纷落下眼泪时，她再次向大家表明，即使不用大家的捐款她也可以通过自己的努力让家人过上好日子，她并不希望因为自己的弱小而接受大家的施舍。更何况，大家捐出的钱也是父母们努力赚来的，她希望这些钱可以变成促进他们努力生活与学习的工具。

自那天起，葛颖再没向母亲要过一分钱，她靠着自己的努力拿到了奖学金。除此之外，她经常利用双休日到附近的超市打工，逢年过节还用这些钱给母亲买一些小礼物。

上了大学之后，葛颖办了助学贷款，在没课的时候就去做各种兼职，还给自己开了一个银行账户专门存钱。某次和室友聊天的时候，大家谈到了理想，葛颖听完大家的理想后淡淡地笑了笑，说："我的理想没那么远大，我只想在毕业的五年内给我的妈妈买一套房子。"

葛颖不仅在生活上有着非同寻常的韧性，学习和工作上也能做到坚韧不拔，众多的兼职没能影响她的成绩，反而在她的履历上增添了许多亮点。除此之外，葛颖在学校的学生会里也担任着重要的职务，而且每样工作都完成得相当出色。

葛颖大四那年在退出学生会的典礼上，礼堂前的屏幕上缓缓播放了一个记录了学生会日常的视频，这个视频是葛颖以动画形式做出来的，每一帧都经过了她精心的调整。当视频播完，字幕上放出她的名字时，全场的学弟学妹们都起立为她鼓掌。

离开校园踏入社会的葛颖依旧过得风生水起。谈起她时，同事们都会不由自主地带上赞叹的语气。葛颖凭借良好的业务能力和优秀的业绩使职位不断晋升，没几年就进入了领导阶层。

试想，假如葛颖在一开始就因惧怕贫困的生活而自暴自弃，那就绝不会有后来在艰苦条件下秉承着韧性奋斗的她；假如葛颖在高中接受了同学们的救助之后开始享受这种不劳而获的感觉，那就绝对不会有发奋学习赢取奖学金的她；假如在大学葛颖开始沉浸于漫无目的的闲散生活，那她就绝对不会成为学弟学妹们心中品学兼优的榜样；假如在工作时，葛颖因为惧怕困难而退缩，那她就绝对不会拥有如今的成就。

葛颖生活的每一个环节都由她的韧性串联起来，正因她的韧性，才使得她在面对生活中的种种困难时不肯轻易放弃，成就了一个如今工作生活皆有收获的成功女性。

有了韧性就能具有临危不惧的勇气，就能拥有在刻苦条件下坚持拼搏的信心。因此，韧性作为一种宝贵的品质，值得每一个女性拥有。

拥有韧性的女人往往具有强大的能量，在生活与工作面前可以正视一切困难，并向困难发出“挑战书”，用自己的力量去克服困难，最终赢得各种意义上的成功。

女性并不是社会上的弱势群体，当她们发挥出自身的韧性时，体内巨大的能量也会随之爆发，展现出令人震惊的能力。所以说，女人，有时候还是需要一点韧性。

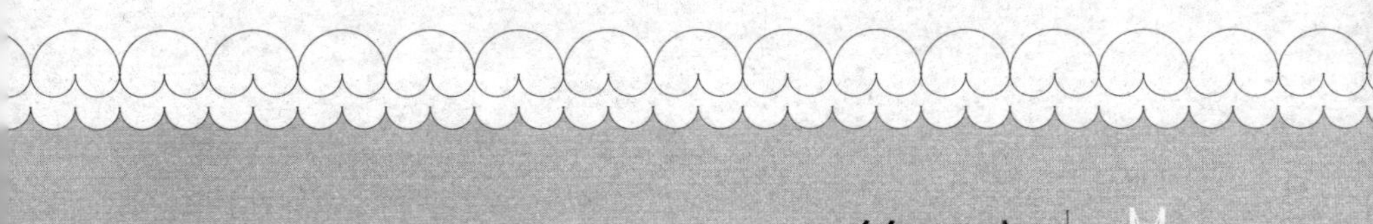

# 第四章

# 努力向前，只为遇见更好的自己

# 努力向前，只为遇见更好的自己

有人说人生就像是一场旅途，路上常常遇到各种各样的人或事。有些事情人们可以轻松地解决，但也有一些困难让人绞尽脑汁却始终解决不了。对待这些事情应该怎么办呢？我们要明白这样一个道理，停滞不前只能导致半途而废，努力向前才有可能遇见更美的风景，成为更好的自己。

然而，总有人问：“女生为什么要那么努力呢？认认真真地读书，兢兢业业地工作，之后不也要嫁为人妇在家里带孩子吗？”这种单一而片面的思维方式间接地影响了一部分女性，致使她们认为自己的使命就应该是整日在家洗衣做饭、相夫教子，因此放弃了努力，静静等待命运的安排。但大多数的女性还在坚持着自己的初衷，努力为生活打拼着、“折腾”着。就算没有出色的条件和强大的背景，她们依旧没有放弃生活，为自己的目标不懈努力着。

小柔就是这样一个人，她在很多人眼里一直是“传奇”一般的存在。

小柔出生在一个闭塞的小山村，父母在连续生了三个女儿之后才生了一个儿子，于是一直把儿子当宝一样“供”着。小柔作为三个女儿中的老二，总觉得自己不受爹妈喜欢，久而久之就养成了不爱说话的习惯。她每天在家中要做很多家务之后才有时间做自己的作业，但就算这样她也毫无怨言，一直默不作声地努力着。

小柔回忆起自己的学生时代，坦言和现在的学生相比，简直就是一部“受难史”。她从小在山村长大，直到初中毕业才走出大山，来到距离市区比较近的一个镇子上念高中。小柔一直觉得父母肯花钱供她上学是一件很不容易的事情，生怕父母顾及家庭情况让她辍学，因此她一直努力地学习，每次考试都拿满分以换取家人的笑容。

在高中紧张的学习气氛下，她依旧不停地穿梭于教室和学校的超市——当然，她去超市不是买东西，而是利用课余时间兼职打工。这样，加上她省吃俭用的习惯，每个月几乎不用向家里要钱。每天下课时她会利用课间的时间反复做练习题，回到寝室后也永远是学习到最晚的那一个。每年期末她都会靠自己的努力冲到年级第一，赢得对她而言十分重要的奖学金。

终于，小柔没有被艰苦的生活打倒，在学习的道路上一往无前，考上了心仪的大学，成了那个小山村中唯一走出去的孩子。大学期间，小柔成了整个班级乃至整个专业里最努力的学生，不仅能按时且高质量地完成老师布置的作业，还常常利用周末出去做兼职赚取生活费，在每学期期末的时候还能考出好成绩，拿上一笔高额的奖学金。大学四年，她不仅出色地完成了自己的学业，还攒到了一笔数目可观的积蓄。

毕业后，小柔在公司常常为了项目忙到很晚，中午休息的时间也经常匆匆吃完午饭，便继续埋头工作。就连上下班路上的时间她也不放过，常常在人潮拥挤的地铁上翻看着各种各样的书籍。不过，她节假日时也会抽时间参加社交活动，一点一点地提升了自己的交际能力。除此之外，她在网上报了许多与工作相关的网课，对着电脑不断地汲取着新的知识，提升自己的工作能力。

有人不解地问她为什么这么拼，她总是笑着回答对方："人的一生不长不短，每个人选择度过人生的方式也不相同，我只是想着努力一点、再努力一点，就算我的希望会受到生活的打击我也毫不畏惧，我一定要保持住这样努力的状态，然后充满正能量地活着。"

小柔提起了曾经和大学同学聚会的场景，当年有着相同目标的人早已各奔西东，有的人行走的轨迹偏离了当初制定的目标，也有人正朝着目标一点一点努力地前进着。说到这里，她顿了一下，微笑着说，还好自己能够靠着坚持努力走到现在，不断地超越自己以前的目标，成为现在的自己。

面对生活中的困难，有的女人选择了忽视与逃避，有的女人却选择用尽全力去面对，不肯向这些困难低头。

努力确实可以成为一种激人向上的力量。在面对生活给出的“刁难”时，心中倘若能保持着努力的念头，那么即使困难再大，也无须担惊受怕。

努力向前，一切困难自会迎刃而解；努力向前，会遇见人生路上更美的风景；努力向前，会成为更好的自己，绽放出更绚烂的光彩。

## 心中有方向，就不会一路跌跌撞撞

某所大学的课堂上曾经有过这样一个实验，研究人员询问了参加实验的学生们一个问题：“你们确立未来的方向了吗？对自己的人生有目标吗？”参加实验的90%的学生都点头肯定，但当研究人员问起是否有人将方向与目标写下来时，却只有大概4%的人做到了。

多年以后，研究人员追踪到了当年参与实验的学生，了解他们现在的生活状况，结果惊讶地发现，当年那些曾在纸上写下目标的人，如今的生活与事业均远远超过了其他人，这4%的人在社会上创造出的价值甚至远远超过了其余人的总和。

目标与方向在人生当中的导向作用，可以对人直接或间接地产生各种各样的正面影响。换句话说，只要心中存有方向，我们人生路上的奔跑就不至于跌跌撞撞。

在社会竞争这场激烈的角逐中，女性由于千百年来形成的各种压力，起跑线往往落后于男性，但只要以终点为方向，朝之努力奔跑，就一定能抵达。

方向和目标之于每个人而言都是不同的，有的人天生想当演员，于是朝着追求演技的方向奔去；有的人想成为科研人员，于是刻苦地钻研学术，朝着科学的方向奔去；有人想成为运动员，因此艰苦训练，朝着奥运会的方向不懈努力……

小惠是一个胖胖的女生，她近期的目标是成功减肥。青春期时小惠总因为胖胖的身材感到自卑，一直认为同学们喜欢在背地里笑话她，因此她不太喜欢和别的女生一起玩耍。碍于高强度的学业，小惠一直无法实现自己的减肥目标，上了大学之后总算有了自己的时间，可以努力进行自己的减肥计划了。

定下目标之后，小惠每天都在朝着自己心中的目标不懈地努力着。早上起床之后先到外面跑几圈，每天的饮食结构也进行了调整，她戒掉了零食，在食谱中增添了蔬菜，晚上睡觉之前还要再跑几圈，回到屋子里之后还会拿出瑜伽垫在上面做运动。

此外，小惠慢慢地改掉了以前懒惰的坏习惯，一有空闲时间就在房间里走动，每周还会挑选几个下午去体育馆打羽毛球。在实施计划的过程中，小惠还学会了许多新的体育运动方式，一有时间就到外面打篮球或是游泳。

在减肥计划实行了半个月后，有人惊讶地告诉小惠，觉得她的脸小了一圈。小惠因为受到了夸奖更加坚定了心中的目标，一点点朝着自己心中的方向前行着。

有了方向的引导，小惠的身材也越来越接近她的目标了。五斤，十斤，十五斤……越来越多的脂肪被她减了下去，她终于完成了蜕变，拥有了让别人羡慕的好身材。

因为心中有了方向，小惠才可以在减肥的道路上一往无前。为了心中的方向她可以不怕苦不怕累，一点点地走在前进的道路上。

日本著名的马拉松运动员山田本一，曾多次参加国际赛事并得到漂亮的成绩，甚至获得过两次世界马拉松冠军。因此，许多人都不约而同地认为他获胜的原因是他那超乎寻常的忍耐力。

然而，在山田本一看来，成功的因素不仅仅是这样，最主要的因素并不是忍耐，而是目标与方向。

山田本一曾在自传中坦言，每次自己参加比赛之前，都会亲自到马拉松比赛的路线上“巡查”一番，坐在车上拿着地图边走边看边标记。他标记的是沿途比较有标志性的东西，这些标志有时候是一栋高楼，有时候是颜色比较鲜艳的建筑，有时候是形状奇特的树木……就这样，整个赛道上都被他在心里暗自留下了许多“标记”，从开始到结束，整个马拉松赛道被他划分成许多段小路程。

比赛开始后，他会顺着赛道全力奔跑，到达第一个目标后，就在心里的地图上默默打一个勾，接着往前跑。第二个、第三个、第四个……每段路程的小目标都会成为他冲向终点的必经之路，这样的话，冗长的赛道跑起来就有趣多了，也轻松多了。

于山田本一而言，有了赛道上的一个个小目标，才有了朝着心之所向的地方努力奔跑的动力，才不会被路途上的艰辛打倒，才能义无反顾地向终点奔去。

生活也像是一场马拉松，在明确了方向之后才有了不顾一切向前冲的动力，才有可能到达心中给自己定下的“远方”。

就算很多时候女性的起跑线落于男性后方又怎样？就算女性的力量不如男性又怎样？每个女人都可以在心中为自己立下目标，并以之为方向，然后向着它一路前行。

在人生的赛场上，我们需要为自己设定一个又一个的目标。有了这些方向，才不会在前往下一场比赛的时候茫然四顾；有了这些方向，就不会在人生的路上行走得跌跌撞撞。

# 梦想的阶梯，没有捷径

常常听到有人说“美貌是女性的捷径”，这些人认为女性仅仅靠着自己的美貌就能轻松地获得别人辛苦打拼而来的东西。然而事实上，靠近梦想的路上从来没有捷径，梦想只能靠自己的拼搏和努力来实现。

就像《西游记》所传达的精神一样，取得真经是唐僧的梦想，但他并没有让几位徒弟运用高超的本领直接将他送到要去的地方，而是自己一步一个脚印，历经九九八十一难，翻山过海，经历了千辛万苦才完成了自己的梦想。

梦想的路只能由自己一步一步走出来，用自己的力量去战胜一路上所遇见的魑魅魍魉，无捷径可言。

小杨是一家公司里的一个职员，入职半年多仍然做着端茶送水、取外卖、复印文件之类的琐事。她整日对自己的前途与未来担忧，认为自己在这家公司做下去根本实现不了当初的梦想。

一天，小杨和好闺蜜一起约着出门逛街时又想起了这件事，不由得连连唉声叹气。吃饭的时候小杨忍不住对闺蜜抱怨：“愁死我了，我在公司做了这么久，还是一直在底层做着最不起眼的工作。再看看从英国回来的桑妮，明明跟我同期进入公司却一路往上直接成了总经理特助。她哪里比我强？不就是长得比我好看吗，靠着自己的外表走捷径，才走到今天的位置，凭什么啊？太不公平了。”

小杨的闺蜜阿莎倒是没有因为小杨单方面的抱怨就立即下结论，而是结合了小杨以前对自己说过的话后说出了自己的看法：“在我看来可能事情并没有这么简单，我记得你刚入职的时候怀着一腔热血想拼搏，可是随着时间的推移，你的热情也越来越少了。如果你保持以前的状态做下去的话，那你如今肯定会比现在的位置要更高一些。”

小杨听了阿莎的话语，没有立即张口反驳，因为在她看来自己确实没有做到这一点。但只要一想起那个特助桑妮，她还是生气，于是忍不住对阿莎说道：“可是那个桑妮呢？凭什么她可以借着自己的美貌走捷径，我偷一下懒就不行了呢？”

阿莎接着安慰道：“你还是没有想通这个问题，关于实现自己的梦想这回事从来就没有什么捷径可走。桑妮靠外表走捷径换来职位在你看来就是实现梦想了吗？不，还差得远呢，你想啊，总经理今天可以看上桑妮的外表从而提携她，那明天可能总经理又会遇到另一个漂亮的女孩子，那时桑妮就该给她让位了。”

小杨听了阿莎这些话，陷入了沉思，显然她自己没有意识到这些问题。小杨正在思索的时候，阿莎又开口了：“小杨，在我印象中你一直都是一个聪明伶俐的女生，我一直觉得所有事情都不会成为你的阻碍，为什么你偏偏在这件事上钻了牛角尖呢？你的内在美可以成为你与这个世界抗衡的武器啊，只要你肯踏实下来把心态放平，对工作多上心一点，多学习一点单位里前辈们的技能，相信你一定会一点一点地接近目标的。”

小杨恍然大悟，原来自己一直在找的捷径是不存在的，只有靠自己的辛勤工作和付出才能最终实现梦想。而那些利用捷径短时间内达成自己希冀的人，根本就是徒有其表，在面对现实压力时，一点点困难就会将其打回原形。

现实生活中也经常能看到这样的例子。许多人认为做演员可以成为赚取钱财的捷径，那些高片酬和极大的影响力无不给人带来极大的虚荣感，因此许多人趋之若鹜。但这个“命题”实际上根本不成立，成为演员根本不能作为实现赚钱梦想的捷径，并不是所有人都有资格成为演员，因为这需要一系列的先决条件，比如学习专业知识、磨砺演技、接受训练等，这些都需要付出大量的精力。

曾有一部关于摔跤的大获好评的电影就很好地印证了这一

点。出演女主角的演员为了能够在影片中增加拍摄的真实度，接受了长时间的专业训练，所有的竞技镜头都由演员亲自上，每个动作她都接受了专业的指导。

不难想象，如果这个女演员没有艰苦训练与付出，而是想着走捷径，拿到角色后不钻研，也不进行专业训练，而是在拍摄的时候让替身代替自己完成大量高难度镜头的话，又怎么会在电影上映后迎来犹如潮水般的好评声呢？

因此，与其想着寻找简便的方法来使自己少走弯路，不如从一开始就脚踏实地，踏踏实实地做自己力所能及的事情。

## Just do it！生活的美就在于一切未知

很多女性喜欢享受将生活尽数掌握在自己手中的感觉。但事实上，对于生活并不需要完完全全地把握，生活的美有时候恰恰在于其未知性。

然而，很多嫁为人妇的女性不得不每天重复地做着与前一天同样的事情，生活中的一切都似尘埃落定一样被打上了已知的标签，平淡的生活机械地重复着，新的一天和过去的每一天都没什么不同，找不到任何未知的新鲜感。就像一首多年前的民谣里唱的那样："如此生活三十年，直到大厦崩塌。"

循规蹈矩地追求生活的意义并没有任何新鲜感，而一些未知因素的出现才能打破无趣的生活。

舒敏是一个平时爱给自己的生活做规划的严谨女生，大学毕业后在念书的城市里定居了，并在一家公立学校里做了初中老师。工作几年后，生活早已稳定了下来，她每天在自己的计划下近乎机械地重复着每一天，决不允许有任何出于自己意料之外的情况发生。

舒敏每天早上伴随着闹钟声从床上睁开疲惫的双眼，不情愿地进卫生间洗漱，快速地化好妆，搭配好今天要穿的衣服，然后拿上教学材料风风火火地出门。

下楼之后在小区门口的店铺里吃上一顿早餐，店主和工人的工作服也和舒敏刚来到这里定居时一模一样，就连冲她微笑的嘴角弧度似乎都没什么变化。

舒敏一直在这所学校教书，在学校的职位也没发生过大的变动，长久以来教授的科目也一直是数学，连每天行走的路线都没有发生过任何改变——她每天下班后都要在同一家店铺里买一些饭菜。

学校里来过一些实习的老师，她身边也不断有年长的教师退休离职，学生走了一波又一波，只有舒敏一直还在岗位上日复一日地拿着课本和资料，对着讲台下的学生一遍又一遍地讲解着几乎重复的内容。

舒敏每个月都会领到一笔固定的工资，不多不少恰好满足生活所需，但购置一些大件还需要慎重考虑。固定的朋友，固定的聚会，每天下班后的生活几乎也是重复着前一天的节奏，单调而乏味。

偶然的一次机会，舒敏听了一位社会知名人士的讲座，讲座的主题是“突破”。这两个字眼与舒敏的生活状态几乎没有任何交集，但在听完讲座后，舒敏却对生活产生了一种新的认知，也促使她产生了一种想要尽快摆脱刻板生活的念头。

舒敏终于从机械刻板的已知生活里探出了双手，她想：自己这样下去不会有什么发展空间，重复固定的已知生活一眼就可以望到头，一点意义都没有，是时候做出一些改变了。

要想改变固定的生活状态，增加一些未知元素，归根结底还是要改变自己对生活的看法，因为如果思维受到限制，那么再新奇的生活也不会引起自己的注意。

舒敏开始适当放松对生活的计划，过于周密的计划只会减少生活当中的惊喜。生活中出现的许多情况是人们无法预知的，因此不必将每件小事都列入人生的计划表格。

周末时，她不再局限于家中，而是走出家门和街上每个认识的人打招呼。在漫无边际的闲逛中，她发现小区附近新开了一家健身房，她当即走了进去，并在一位教练的介绍下办了一张健身卡。这对舒敏来说几乎是前所未有的，计划外的事情竟然如此令人惊喜，舒敏终于体验到了未知生活所带来的乐趣。

但这些还远远不够，舒敏想要的是每天都可以感受到未知生活的乐趣，于是她减少了对自己下班后时间的控制，想通过自由的行动来寻找未知的快乐。有了这样的想法之后，她当即放慢了回家的速度，就连坐地铁的时候都开始东张西望，注意周围的一切。

地铁在某站停靠时，舒敏无意间看到了外面张贴的巨大海报——那是一个画展的广告，舒敏在看清海报上画展举行的时间后，立即下了地铁走向了那张海报，循着上面的地址一路走去。

舒敏到达时，画展恰好还在开放，她买了票就走进了展馆。墙壁上悬挂着的一幅幅风景画无不吸引着她的目光。走到一幅写实的风景画面前时，舒敏突然对这幅画的取材地产生了浓厚的兴趣。

回家以后，舒敏查阅了那幅风景画取材地的城市信息，发现刚好自己的下一个假期没有安排，于是当即定下了去往那个城市的机票。

旅行时，舒敏又发现自己听说过的一个乐队要在这个陌生的城市举办演唱会，她又延长了自己的出行时间，留在这个城市听了一场演唱会。

在舒敏放宽自己对生活的掌控之后，她身边的所有事物都发生了改变。舒敏对这种全新体验特别满意，她的心情豁然开朗，心境也变得异常洒脱。

我们许多时候没有必要对生活进行全面地掌控，适当的放松会带来出其不意的效果，因为生活的美有时恰恰在于未知性。未知的事物会给生活带来一种别样的魅力，激起人们对生活的期待。

# 即使飞得再高，也可以放声哭泣

有人曾经将女性和男性的寿命长短做对比，对比后发现男性的平均寿命普遍低于女性。女性长寿的“秘诀”是什么？“秘诀”便是懂得用哭泣宣泄情感。

哭泣对于女性来说，跟年龄大小和地位高低并没有直接的关系，哭泣更不是小孩子特有的手段，即使年龄再大、飞得再高，也可以放声哭泣。

哭泣并不能和柔弱一词画上等号，更多时候，哭泣是一种宣泄情感的方式，引导着女性将自己内心中的压力与烦闷通过这个突破口发泄出来。哭完后，积攒已久的压力烦闷也就一扫而空了。

哭泣可以宣泄压力是有一定的科学依据的。有研究者曾对此做过相关的实验，从正面印证了哭泣对人生理和心理的益处。

研究人员找来了一批人，首先让他们在切洋葱时受到刺激流下眼泪，过几天后再让这些人流下眼泪，但这次不是切洋葱那么简单了，而是让他们看一些情感类的影片，以此来刺激他们流出眼泪。研究人员将实验对象两次流出的眼泪用不同的试管收集起来，并对其中的成分进行了研究。

化验结果显示，被影片感动而流出的泪水有着被洋葱刺激出的泪水中不曾包含的成分——儿茶酚胺，这种化学物质是人体在压力之下分泌出的。过多的儿茶酚胺对人的心脑血管有消极的影响，严重的情况下，甚至可能导致心梗。因此，当人在感到压力从而哭泣的同时，会将体内产生的过多的儿茶酚胺排出体外，从而将情绪调节到正常状态以缓解内心的压抑。

学会用哭泣来调节抑郁是女性应该掌握的一个技能。拥有这项技能后，会减少很多负面状态出现的概率，反之，不仅容易出现情绪低落，还会产生一系列的身体问题。

张琴是一家公司的一把手，久居高位后养成了越来越好强的性格。众所周知，好强本不是什么坏现象，但过分好强就很容易变成逞能，给生活和工作带来不必要的麻烦。

张琴在下属和周围人的口中是一位不折不扣的女强人，做起事来雷厉风行，在工作的早期就完成了不少看似根本不可能完成的任务。因此，大家对于张琴一直抱着类似敬仰的态度，认为几乎没有她做不到的事情。张琴也一直以自己这样的性格为荣，可久而久之，她渐渐地发现自己没有刚进入职场时那样随心所欲了。

在以前，工作遇到不顺心的地方时，她会找自己的朋友抱怨一下，之后自己的不顺心也就消了一大半；遇上十分棘手的问题或是压力过大时，她会在和朋友聊天时大哭一场，哭完后，心情平复，就能接着处理自己的工作了。

可现在不行，张琴将自己工作上的责任范围扩大了，认为自己再哭就不符合现在的“形象”了。这么多下属看着自己，自己不能先乱了阵脚，要做好领导的示范作用。

久而久之，张琴开始把所有的情绪都憋在心里，可她自己毕竟不是专业的心理医生，有时候很难将负面情绪化解掉，只能积攒着越来越大的压力缓慢前行，顶着越来越多的压力和烦恼来处理工作与生活上的种种问题。这种状态形成了一种恶性循环，烦恼与压力也像滚雪球一样越来越大。

人们的身体与情绪有着很密切的联系，张琴在不良情绪的积攒下，身体也越来越差了，首先是胃部出现了问题。在与日俱增的压力下，张琴的情绪一直处于低落状态，肠胃对人情绪的变化非常敏感，忧郁的时间过长会使胃部蠕动速度变慢、胃液分泌降低，出现消化不良和食欲不振的问题。

张琴由于没能在负面情绪产生时找到一个合适的突破口宣泄出来，而是碍于自己现在的地位和身份，将所有的压力都积攒在了一起，这就像是沙漠中行走的骆驼被不断施加稻草，最终在烈日炎炎之下寸步难行。

《黄帝内经》有个重要的理论，叫“郁则发之，结则散之”。当我们出现不良情绪而内心忧郁时，不妨痛痛快快地大哭一场，这样一来，负面情绪也就一扫而空了。

开心就笑，难过就哭，如此才能够收放自如、灵动而柔韧。真正聪慧的女性既会在开心时表达出自己的欢乐，也能在难过烦闷之时大哭一场宣泄自己的情绪。

哭泣并不代表柔弱，哭泣更不是一件丢脸的事情，哭泣可以将郁积在心中已久的压力与烦闷抒发出来，从而带来心情舒畅的良好状态。这跟年龄与地位无关，即使我们飞得再高，也可以放声哭泣。

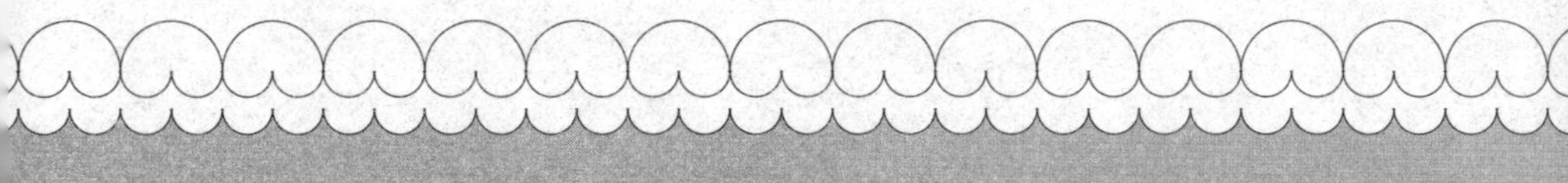

# 第五章

# 宠辱不惊，有实力才更有魅力

# 宠辱不惊，有实力才更有魅力

常言道："打铁还需自身硬。"自身的实力往往是带来成功的直接因素，有了实力，做起事来才能有条不紊。

拥有实力的女性往往具有更加自信的迷人气质，但拥有了强大实力时有宠辱不惊的态度，才更加有魅力。

王扬从一所知名音乐学院毕业后，在一家琴行里做了很久的小提琴老师。她下班之后也经常学习一些与专业相关的知识，刻苦努力加上长期勤奋地练习，使她累积了很多经验。她认为长久在琴行工作并不能实现自己一直以来的梦想，她向往在更广阔的舞台上展现自己的实力。

王扬为登上舞台的这一天做了非常充分的准备，她不断地复习和巩固曾学过的乐理知识，还将每天练琴的时间延长了很久。当来到电视台的乐队招募现场时，她并没有产生太多紧张的情绪，心想只要将自己平时练习的状态发挥出来就好。

当王扬拉动琴弦的那一刻，她整个人都陷入了悦耳的音乐声中，身体也随着旋律轻轻晃动，她将自己所有的感情都倾注到了曲子里。王扬一直投入地演奏着，她闭上了自己的眼睛，因此也就没能看到音乐响起的那一刻，在座的评委老师眼中迸出的火花。

毫无疑问，王扬的实力是所有乐手中最强的，于是她毫无悬念地进入了电视台。从此以后的演播厅中将有她的一个位置，时不时地为主持人或快或慢的语言添上一曲伴奏。

不过，即使被电视台直接录取，王扬也没有表现出过分的惊喜神色。在以后的日子里，王扬更是不断地提升自己的实力，甚至还在空闲时静下心来编曲子，这时的她已经不单单是乐手了，更像是一名专业的音乐家。

随着王扬的不断努力，她的实力也受到了越来越多人的认可。最近，王扬受到了一个小型剧院的邀请。上台之前，她惊异地发现自己的小提琴被人调包了，原本趁手的琴不见了，取而代之的是一把缺了一根弦的破琴。

眼看着主持人报完幕，马上就轮到自己上场了，王扬别无他法，只能拿着这把破旧的小提琴上了台。站在聚光灯下的王扬做了一个深呼吸之后，缓缓地将琴架在了左颈侧，右手举起了琴弓。

虽然这把琴的质量完全比不上她原来的那把琴，但随着王扬手部的动作，一串串音符自然而然地倾泻出来。

在场的专业人士很快听出了不对劲，不仅仅是音色上的问题，因为王扬以往经常选择旋律跨度很大的曲目，而这次她却选择了相对舒缓的曲子，这样巨大的差异让他们产生了很大的疑问。而台上的王扬却好像没有意识到这一切一样，继续专心地演奏着。从一开始的不适应到后来的越来越流畅，王扬专心致志地沉浸在了自己的音乐里，台下的观众们也被她的琴声引导，听得如痴如醉，徜徉在美妙的音乐海洋之中。

一曲终罢，王扬终于从音乐中回过神来，深深地朝台下的观众朋友们鞠了一个躬，待重新直起身时，她才缓缓地告诉大家，自己的小提琴不知被谁调换了，只好使用这样一把缺了弦的破旧小提琴演奏，还望大家海涵。台下的掌声突然停滞了几秒，紧接着响起了一阵更为热烈的掌声，而且这掌声还久久不绝。

几位专业人士终于意识到了不对劲的地方在哪里，并由此对王扬更为敬佩了。王扬的实力竟远远地超过了他们的期待，而且还具有常人难有的控场能力，她不仅没有因为一把破旧的琴产生惧意，反而迎难而上为大家带来了一场意想不到的演出。

王扬用实力折服了小剧院里的所有人，用自己内在的能力使众人对其产生了敬佩之意。实力可以让一个人拥有无穷的魅力，从而具有吸引人的特性。

这就像那个广为流传的小故事中描述的那样：一个年轻人第一次到集市上去卖西瓜的时候，别人无论如何都不相信他的瓜甜，而这个年轻人也不懂得如何向大家展示自己家西瓜的“实力”，因此一个瓜都没卖出去。年轻人归家后向有经验的父亲讲述了这件事，第二天，父亲带着他到集市上为他展示自己是如何卖瓜的。

有人来询问西瓜是否甜时，父亲不仅一口答应了，还直接从车上随意拿了几个瓜，然后切开给购买的人展示了一下，全是熟得恰到好处的沙瓤西瓜。结果这一举动当场就引发了一场抢瓜热潮，许多人竞相来买他家的瓜，没过一会儿就卖完了。

卖西瓜如此，做人亦是如此，在关键时刻要懂得展现出自己的实力。有了实力，说话时才能更有底气，腰板才能挺得更加笔直。在实力还未到达可以展示的地步时，要努力积攒经验，慢慢地提升，因为无论为人还是处世，都应当宠辱不惊，有了实力才能更有魅力。

## 所谓优雅，就是遇事不慌不忙

优雅或许与年龄有关，但与一个人自身的气质更有着密切关系。

人们往往将女性的优雅看作辨别其气质好坏的标准，事实上确实如此，优雅知性的女人遇事不会手忙脚乱，而会用从容的态度去感化周围的人和事物。

漂亮的女人不一定拥有魅力，因为给魅力增加分数的是气质，而不是外貌，所以拥有知性优雅气质的女人才真正具有吸引人的魅力。优雅的女性都具有一颗从容淡定的心，这就决定了其拥有着良好的心态——即使遇到棘手的问题，她们也能保持不慌不忙的从容态度。

李青大学毕业五个年头就顺利地从最初的副手位置升到了白领，又从白领一路晋升为金领，年纪轻轻的她拥有了令人羡慕的事业。

当别人还在为保住工作而在岗位上辛苦时，她却早已轻松挣得了人生的第一桶金。在同龄的老朋友们聚会时，大家都因为忙得不可开交的工作，无不带着一副化了妆也难以掩盖的倦容，甚至有的人还因为高强度的工作拖垮了身体，只有李青自始至终一直保持着从容淡定的神色。

老朋友们也大致了解到李青的现状，纷纷向她讨教能一直保持优雅状态的方法。李青笑了笑，向大家展示了她多年以来保持优雅的“秘诀”。

在李青看来，保持优雅状态其实并不像旁人看上去那样轻松。刚入职的时候，她也是每天忙着加班，自己手头的工作仿佛永远做不完一样，原本的业余爱好也被迫丢得一干二净。然而，这种高压状态也没能提升她的工作业绩。后来，她母亲的一番话启发了她。

母亲的建议很简单，只是提议她每天早上早起半个小时。李青一开始并不理解母亲的话，只是在母亲期盼的眼神下照做了。她原本只是抱着试一试的态度，却没想到，这样看似不起眼的半小时却能给一天的工作带来很大的帮助。

提前半小时出门可以使她能够赶在早高峰之前到达公司，可以让她在上班之前对自己一天的工作制定一个小计划，并确保接下来的工作能够在计划下有条不紊地进行。而且，这看似不起眼的半小时能够使她在人少的状态下清醒地思考，没有了以往的拥挤与混乱，心情也能随之变得好起来。提前进入办公室制作好小计划后，同事们还没有到，她可以听一段舒缓的音乐，为自己接下来的一天铺垫一个好的心情。

再后来，李青养成了提前整理材料的习惯。每当同事们踩着打卡前的一分钟到达公司，气喘吁吁地走进办公室时，她早已制定好了工作计划。所以，李青往往能在上午下班之前从容不迫地完成制定好的工作量，剩下的时间她会用来准备下午要处理的工作内容，从而确保一天的工作都能从容地处理好。李青往往在处理工作时也能保持从容的态度，即使临时遇上难题，她也会不动声色地接下，并经常眉头都不皱一下就将其轻松“摆平”。因此，无论是上级还是下级，同事们谈起李青总会找出类似优雅的词语来形容她。

李青的朋友们在听了李青的“半小时准备论”后，均露出了一知半解的神色，于是李青在大家期待的眼神中接着解释道：“其实我认为要保持从容的态度并不止于这半个小时，而是这半小时的时间给了我启发，万事都要提前做准备，这样心里有了计划之后遇事就不容易变得慌乱了，也能保持住一种良好的心态，从而能从容应对所有事情。”

朋友们这才恍然大悟地点了点头，心想难怪自己每天下班之后还有一堆工作上的事情要处理，如果像李青一样早做准备就能减少工作上的压力了。

从容不仅是一种处理事情的方法，更是一种心态，一种对于生活的态度。这种态度所带来的优雅气质并不是外表的艳丽能比得上的。

我们经常看到街头有流浪的歌手或坐或站地占据在街角，在不同乐器的伴奏中，对着话筒展现自己的歌喉。这种情况本来很常见，但小荣某次遇上的歌手却给她留下了非常深的印象。

那是一个有些上了年纪的女士，眼角早已有了淡淡的纹路，她一边唱着歌一边随着音乐摆动着身体，行色匆匆的人们都沉浸在自己心中的小小世界，并未给这位女士多一分的关注，但她一直投入地演唱，每个词语的发音和音调的转折都处理得颇为巧妙。一首歌结束之后，她向着四面都深深地鞠了一个躬，随即将腰板挺得笔直，微笑着演唱下一首歌。

这位女士并未觉得没有观众很难堪，反而在面对这种颇为尴尬的场面时，能够一直保持着从容的态度。小荣一直注视着这位女士，看着她的背影，小荣的脑海里浮现出了“优雅”二字。

每个女人的境界均有不同，但只有遇事不慌不忙的女人，才真正配得上“优雅”二字。

## 安全感只能自己给，别人终究给不了

安全感的缺失缘由很多，但最主要的还是由于在情感上过分依赖他人——当所依赖的对象没有达成期待中的表现时，安全感也就随之丢失了。

安全感可以作为性格与情感独立的表现。当一个人在情感上可以做到独立时，安全感也就伴随而来了，因此归根结底安全感只能自己给，别人终究给不了。

赵欢在上大学期间交了一个男友，男友是本地人，生活的方方面面都有家里人照料。赵欢的家则在外地，生活上家里人都帮不了太多忙，万事只能靠自己努力。

从小在父母亲的庇护下快乐长大的赵欢，乍一离开家非常不习惯，她感觉自己就像刚飞出巢的雏鸟，心里总是空落落的，总觉得没有安全感。

好在这种没有安全感的日子没有过太久，她便认识了男友。男友在学习和生活上都对她很贴心，将她照顾得无微不至。所以，赵欢非常依赖男友，特别喜欢和他黏在一起。

四年时光很快就过去了，两个人从刚入学的大一新生转眼就变成了毕业生。男友在家里人的介绍下进了一家私企工作，赵欢则在学校的招聘会上选定了一家公司，两个人很快开启了紧张又忙碌的实习生活。

赵欢在上大学的这几年里，性格发生了很大的改变。从前她在家属于呼风唤雨型的，什么都是自己说了算，有了男友之后渐渐变得体贴起来。或许是因为男友的性格比较散漫，与男友在一起的时间越长，赵欢对男友的包容也越多。

赵欢最近在忙碌的工作之余，又多了一件烦心事——听说男友居然在家里人的介绍之下去相亲了！赵欢得知此事后陷入了自我怀疑，难道是自己太差劲了导致男友的家里人不认可自己？还是说男友根本就只是想玩玩而已，从来没想过和自己结婚？再联想到男友平时经常与异性交往，赵欢的心情顿时坠落到了谷底，好不容易找到的安全感又丢失了。

其实，赵欢非常珍惜和男友的这段缘分，她也试图做些什么挽留男友，比如买一些贴心的礼物，或者做一些男友喜欢吃的饭菜。但是，男友总是给她一种若即若离的感觉，似乎下一秒就要将她远远推开。

男友当然察觉出了赵欢的不对劲，但问赵欢时她也不说话，所以只当她最近工作压力太大，认为她自己可以处理好。

男友最近比较忙，除了忙工作之外，还策划了一场求婚。为了使这场求婚给赵欢带来惊喜，男友颇费心思地询问了好多异性朋友的看法，又特意托父母帮忙想主意。男友的父母又约了他们的至交好友一起想办法，恰逢好友的女儿最近回国，念在儿子和好友女儿多年未见，索性提议一起吃饭。

正是这顿饭，让原本就没什么安全感的赵欢直接陷入了焦虑。也正因为没有安全感，赵欢不敢开口跟男友坦白这些心事，生怕男友会因此离开她。赵欢的心事越来越重，但只能自己默默消化，甚至因此失眠，躺在床上独自流泪。

好在这场求婚没有策划太久。一个月后，男友突然约赵欢到一家西餐厅吃饭，并坦白有很重要的话要跟她讲。看着男友掏出戒指的那一刻，赵欢没能控制住自己的哭声，眼泪一颗颗砸在洁白的桌面上。

回家后，男友将赵欢安置在沙发上，语重心长地对她说："你完全可以把大部分的心思放在你的工作和生活上，不用总是唯唯诺诺地迁就我。很多时候，安全感都只能自己给，别人是给不了的，你能明白吗？"

此后，赵欢开始将自己的重心放在工作和生活上，不再事事先考虑男友的想法，开始客观地看待事情，渐渐摆脱了恐惧感。

无论是感情还是生活或者工作，安全感从来不是借由他人获得的。当自己完成了情感上的独立时，安全感会从自己心里升起。

## 专注的美，让世界为之让步

年轻的女性应当具备专注的精神，这样才能在学习时用尽心思，学习到更多的实用技能；年迈的女性也要具备专注的精神，这样才能使自己更快地完成一件事，而不是拖拖拉拉遭别人耻笑。

许多女生在恋爱之前都专注于自己的工作或学习，对所有的事都保持着集中的精神和谨慎的态度。然而，恋爱后却像变了一个人似的，和人聊天的时候几句话不离自己的男朋友，整个世界似乎都围绕着男朋友旋转，在工作学习的时候也完全丧失了原有的专注，开始三心二意。

其实，女性从来不是谁的附庸，专注于自己的生活才能过上自己真正想要的生活。

阿果是一名家庭主妇，结婚以来一直在家中打理日常家务，但阿果一直想创造一份属于自己的事业，尽管家中一直没有多余的资金供她投资，但她一直没有放弃自己的梦想。她常常在闲暇之余专注地思考着自己的长处。

终于，阿果决定发挥自己烹饪方面的特长，打算开一家烤软饼干店。这个念头出现后，阿果就拿出纸笔写了一份详尽的规划。

阿果的一位朋友恰好学习过营销方面的知识，并且之前也吃过阿果做的软饼干，对她做的饼干赞不绝口，阿果希望可以从这位朋友那里获取一些好的建议。

没想到这位朋友听了阿果的计划后，并没有像阿果预料的那样啧啧称赞，而是沉思一番之后摇了摇头："我觉得这个计划行不通。"

阿果听完朋友的话后并没有气馁，而是又请教了不少在食品生意方面比较厉害的人，结果很多人还没听完她说的话就摆手否决了。

阿果想了想，找到了经常吃自己烤的饼干的家人，希望他们可以给自己一些中肯的建议。母亲在听了阿果的计划后，认为经常对着温度太高的烤箱不利于她的健康，况且她还不能够保证自己一定能赚到钱，也否决了她的计划。

阿果又找到了自己的丈夫。刚下班的丈夫带着一身疲惫，有些不耐烦地打断了她的话，认为阿果本来就没做过生意，如果把家中原本就不多的积蓄投进去的话，一旦亏损，日子就没法儿过了。

阿果想不到会在自己的亲人面前被否定，于是找来了与自己关系比较好的朋友，希望朋友们可以支持一下她的计划。没想到的是，朋友们也几乎全都否定了她的观点，认为她还是保持现在家庭主妇的状态比较稳妥。阿果又接着询问了街坊邻居，无一例外地遭到了大家的反对。

不过，阿果依旧没有放弃，一直专注地研究怎样将饼干烤得更松软可口，以及怎样招揽到更多的客人。每天在打理完家中的事务后，她都会拿出纸笔对着买来的书一页一页记着笔记，专注地研究着——怎样的饼干烘烤出来才能为自己的店铺加分、怎样的营销方式才能尽快地招揽更多的顾客、要怎么做才能将光临过的顾客变成回头客……

最终，阿果以最节约成本的方式开了一家小小的店铺。开业当天，小店铺里果真一个顾客都没有。但阿果没有灰心，面对着清冷的门店，她决定试试自己研究出来的方法。

阿果走到街口，端着一盘刚刚烤好的饼干邀请路人免费试吃。在试吃的同时，她亲切地和大家话家常，与大家交流烤饼干的心得。久而久之，越来越多的人成为她店里的回头客，阿果的事业也随之蒸蒸日上，之前否定阿果的人都看到了阿果努力之后的成果。

阿果的顾客越来越多，她开始不断地学习新的饼干烘烤技术，不断接受新知识的熏陶，每天在下班后都专注地研究着烤饼干的各种技巧。

面对生活的考验和大家的质疑，阿果从未想过放弃，反而在磨砺之下更加专注地学习，通过自己的实力来告诉大家她可以做到。在她专注的学习之下，一切困难都成为她成功的垫脚石。在她的专注经营之下，小店的生意越来越好。专注的精神力量促使她一步一步地接近目标。

专注的精神可以给女性增加更多的迷人之处，能够让全世界都为之让步。

## 人生十字路口别闲着，不断给自己镀金

社会经济不断发展，时代也随之产生了很大的变化，从拼体力的时代转变成了拼脑力的时代。而女性力量不足早已不是限制其发展的因素，力量小已经不能成为女性的缺陷。相反，在注重人性化管理方式的现在，女性往往可以发挥出其柔美的力量，拥有更多的就业机会，看到更广阔的世界。

不论是在工作还是生活中，女性都应当在发挥自己力量的同时注重自身的修养，要学会在工作和学习中不断地充实自己，即使身处人生的十字路口时也不要闲着，要不断地给自己镀金。

《雷雨》中有这样一位女性形象，她在行为上拥有许多的极端表现，是最具有“雷雨”特色性格的人物——具有顽强的生命力，有着充满魅力而又强悍的内心，她就是繁漪。

繁漪身为周朴园的妻子，却没有半分封建家庭成员的虚伪与

惺惺作态，有的只是美丽和热情。尽管繁漪身处令人难以忍受甚至窒息的生存环境中，她却能够拥有如火的热情，能够对千篇一律的生活进行有力的反抗。这又何尝不是一种修行?

在整个戏剧中，所有人都拥有属于自己的爱恨情仇，但只有繁漪能够将自己的情感表达得淋漓尽致。在当时的生存背景下，她争取独立与自由，成为当时新女性的代表。

繁漪没有向麻木的生活低头，而是不断地给自己增加新的认识，试图冲破层层禁锢。她这种渴望生命的精彩、敢于冒险的可贵品质应当成为现代女性学习的榜样。

不断给自己镀金，用新知识武装自己，不断充实自己，才能不断地提升自己的内涵，就像互联网上经常流传着的那句话一样——你必须十分努力，才能看起来毫不费力。这句话里，“十分努力”成了“毫不费力”的前提。那么，“十分努力”要努力的是什么呢？要朝着哪个方向发展呢？这听起来很简单，但实施起来却要付出强大的力量，因为这种努力并不是一时的努力，而是持续性的努力。

小苏曾为了男朋友只身踏上了去国外的飞机，为了男友放弃了在国内的一切。如同所有热恋期的男女一样，他们经历了很长一段甜蜜的时期，但最后还是由于各种原因分手了。

小苏也因此成了独自漂泊在他国的异乡人。在和男友分手以后，她几乎一无所有，站在异国街头时，想起这段几乎荒唐的经历她却并未产生后悔的情绪。她觉得这也可以作为她人生中的一段经历，为自己未来变得更好做一个铺垫。

小苏开始不断学习，并拿下了硕士学位。即使自己攻读的专业并不太好就业，她还是靠着不断努力得到了一家公立学校的教师职位。找到工作以后，她便凭借自己的工作签证留在了国外，而不是像以前一样需要依靠男朋友才可以勉强在国外站得住脚。

她不断地为工作努力着，经常在业余时间学习一些与工作相关的新知识，利用知识来充实自己。她工作遇到问题时除了解决问题也很注重对经验的积攒，下次再有类似问题发生时，她便能够利用经验快速处理。

后来，小苏遇见了自己的真命天子，举办了一场盛大的婚礼。参加婚礼的许多宾客都对这对新人表达了真挚的祝福。国内的许多亲友也在千里之外送上了祝贺，并纷纷表达了自己的羡慕之情。

可是众人看到的只是她留在了国外、拿到了期待的学位、找到了一个好工作、嫁给了一个好男人，却看不到她曾经每个苦读的日日夜夜。假期她从没回过国，而是只身在国外找工作并拼命实习，通过工作积累实践经验。她在学校每门课都能够拿到高分并不是偶然，也不是奇迹，而是她努力之下的成果。从一开始的孤身一人到现在的好友成群，也是她拼命扩大社交圈子的成果。她生命中拥有的光彩都是她通过自己的修行得来的，是她通过充实自己，一层一层不断给自己镀金才赢得的。

来参加小苏婚礼的人曾羡慕地说，小苏得到了她曾经想要的一切，而只有经历过这些的人才明白，这一切有多么来之不易。

生活中没有人知道在迎来自己希望的“大团圆”结局之前会面对什么样的生活，但是我们可以在此之前通过努力与学习提升自己的素养，可以通过知识与行动来充实自己，使自己拥有更强大的能力，来推动“大团圆”早日到来。

在职场上，总有一些女性不满现在的工作，认为它不能真正实现自己的理想。可是真正有着高水准的女性，不管这份工作自己喜不喜欢，都会将其干得漂漂亮亮。

人生像是一场长途跋涉，我们在选定的“主干道”上一直向前。可是在处于人生不同阶段时往往会产生许多不同的选择——“主干道”开始分叉，分叉的每条路都通向了不一样的远方。当选择的机会变多时，这条“路”就由分叉变成了“三岔路口”，甚至是“十字路口”。

当面临十字路口时，不能任凭自己随意挑选或是“闲着”不作为，而是要通过不断汲取新知识、新思想来给自己镀金。

女性要学会化知识为力量，并将其化为“武器”武装自己，这样就可以在人生路上保持前进的同时，不受到其他因素的干扰，更加全心全意地朝着既定的目标飞速前进。

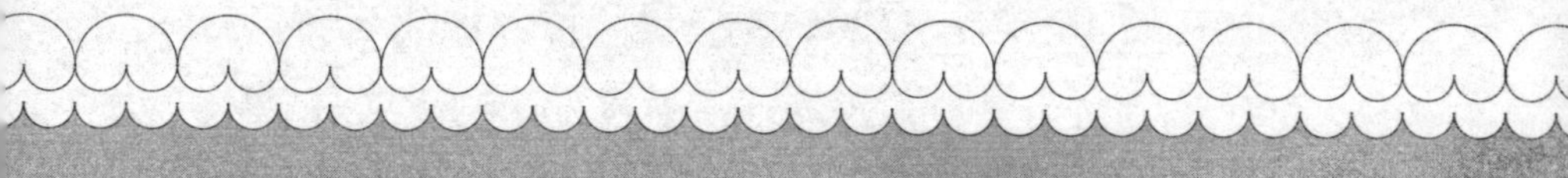

# 第六章

# 你若勇敢，爱情自来

# 你若勇敢，爱情自来

有人说，在爱情里，主动的一定要是男人；也有人说，在爱情里太过主动的女人不会被珍惜。事实真的是这样吗？不是的，在爱情里，独立又勇敢的女人往往是最有资格收获爱情的那个人。

这是一个自由平等的社会，人们崇尚勇敢追求爱，崇尚“如果爱，请深爱”，崇尚“只要你主动，我们总会有故事”。所以请相信：你若勇敢，爱情自来。

爱情，其实是等不来的。喜欢一个人一定会很想知道他有什么样的想法，如果你只是等待，一定会错失重要的人或事。所以，有时候勇敢一点可以更快地得到自己想要的爱情。

主动出击有时候更能占据主导地位，明白了对方的心意，才可以更准确地展开下一步。

阿娴和丈夫原本是两家不同公司的合作伙伴，但即便是生意上的伙伴，将来也有可能是竞争对手。可他们只是见过两次面之后，阿娴就认准了这个男人：“我很喜欢他，我一定要嫁给这个男人。他对待工作果断又认真，在生活上一丝不苟，这就是我所期待的另一半的样子。”

于是，她把手头上的工作忙完便开始了自己的“追夫”计划。

在生活上，她嘘寒问暖充分表示关怀，在工作上更是展现了她女强人的一面。对于她的主动出击，身边人都保持怀疑态度：“阿娴，你已经是一个很成功的女人了，喜欢你的男人排队都排到法国了，你干吗一定要追一个不一定喜欢你的人呢？”

阿娴却说：“我既然喜欢他，就要让他知道我是一个怎样的女人；我既然喜欢他，当然要勇敢追求我的爱情。爱情不是等待就会乖乖到我身边来的。我总不能只等着别人来追我，那样的话，什么时候才会遇到令我动心的人呢？我好不容易遇到一个自己喜欢的人，当然要勇敢地迈出第一步，向他表明我的态度和心意。”

生活上的嘘寒问暖，工作上的互相帮助，让这个男人很快就拜倒在她的“石榴裙下”，两个人一度被人们称为一对璧人。

结婚三年，两个人默契到一个眼神就可以知道对方想要什么或者想说什么。对阿娴来讲，她勇敢追求来的这个男人，会是她一辈子的陪伴。

朋友们都很好奇她是如何勇敢地追求爱情的。

阿娴毫不避讳地说：“我们都一样，年轻的时候无比期待爱情，可能是经历得多了，有时候会觉得失望，但我还是和从前一样对爱情满怀期待。不过，从前的我只知道等待，现在我才懂，每个勇敢追求的女人都值得拥有美好的爱情。如果有人问我遇见爱情的秘诀是什么，我会毫不犹豫地回答他，那就是要学会勇敢追求。一直唯唯诺诺，瞻前顾后，很容易错过一段美好的爱情故事，又怎么有机会赢得适合自己的爱人呢？”

女人在面对爱情的时候需要的不只是信任、爱和宽容，更需要的是勇敢，如果没有勇敢迈出最开始的一步，那怎么有机会开始一段动人心扉的故事呢？

祝英台虽是女子，但她勇敢追求自我，遇见真爱梁山伯后的奋不顾身，更是她勇敢的象征。她敢爱敢牺牲，面对困难和阻挠，不言放弃，而是勇敢对抗。

祝英台是越州上虞县人，虽然是个女孩子，却精通四书五经，喜欢吟诗作对，一心想去学校读书求学。但是在当时社会，不准许女孩子整日抛头露面，更别说与男孩子一起去读书写字了。虽然她不止一次向父母提及想去学堂学习，但每次都被父母以“女孩子老老实实在家学习刺绣就好”为由拒绝，并且教导她女孩子最重要的是相夫教子。

祝英台觉得不公平，凭什么只准许男孩子读书识字，女孩子却只能学习针织刺绣？她觉得是否读书是自己的自由，自己必须打破这种常规。于是，祝英台便和从小服侍她的丫头装扮成男子，前往越州读书。

在前往求学的途中，她遇见了同去越州求学的书生梁山伯。二人相谈甚欢，甚至有种一见如故的感觉，于是相伴而行。

在越州读书期间，祝英台和梁山伯两个人可谓是形影不离。他们白天一起上课读书，晚上同床共枕。三年时间下来，祝英台对梁山伯暗生情愫，但她并不知道梁山伯是否对自己有意，于是便找机会暗示梁山伯自己是个女孩子。无奈梁山伯生性憨直，不仅不懂她的心意，还取笑祝英台将自己比作女孩子。最后，祝英台实在没办法，只好直接说明自己的身份，梁山伯这才理解了祝英台一直以来的行为。

之后梁山伯和祝英台相处融洽，二人互表心意，决定结束学业之后便向家中父母说明情况。祝英台是女子的事情，被同学马文才偷听得知，他也一直爱慕着祝英台。

后来祝英台的家人将她接回家。临走前她要梁山伯在十天后去提亲，但梁山伯却误以为是三个十天加在一起——三十天后才去祝府提亲。等到梁山伯到达祝府才得知，马文才已经在二十天前提亲。得知此事，梁山伯竟然一病不起，不久之后便病逝。祝英台知道后，假意应允了婚事。在迎亲队路过梁山伯坟墓时，她执意下轿祭拜梁山伯，一时间雷电交加，风雨大作，梁山伯的坟墓竟然生生裂开，祝英台看到这样的状况，毅然跳了进去，紧接着坟墓又合上了。在人们还未反应过来时，坟墓里竟然飞出两只相依相伴的蝴蝶……于是便有了梁祝化蝶之说。

如果祝英台没有突破常规的勇气，勇敢追求自我的情感诉求，又怎能收获与梁山伯的美好邂逅呢？尽管两个人最终无法结为连理，但化成形影不离的蝴蝶又岂不是一桩美事？

勇敢地表露心迹，大胆地追求心中所爱，才不至于让自己心存遗憾。一味地等待，一味地惧怕，迟迟不肯迈出追爱的脚步，怎能收获美好的爱情呢？因此，如果遇到心仪的男子，便大胆地去追求吧！

# 微笑，是打动人心的法宝

有人说，微笑是这个世界上最动人的行为。的确，微笑不仅是打动人心的法宝，更是保持生活积极乐观的必需品。

镇上的人都很喜欢小雅，她积极乐观，脸上总是带着甜美的微笑。让身边人很难想象的是，这样一个喜欢用微笑去感染人的姑娘竟然是盲人。这一切都要感谢小雅的母亲，她一直对小雅说："你看不见东西不代表你没有欣赏美的权利，只要你愿意微笑着看待身边的人和事物，就一定可以感受到你眼睛本该看到的东西。"

这段话一直激励着小雅，即使她遇见无数的嘲讽和轻视也会微笑着面对。就连她和丈夫的爱情故事，也与她那动人的微笑有着莫大的关系。

小雅从盲人学校毕业后，帮母亲打理花店的生意。

有一天，从早上开始便一直下雨。小雅像往常一样，跟母亲一边侍弄花草，一边低声说笑。母亲发现店外有一个小伙子，已经在门口坐了很久，便对小雅说："门口有个小伙子，已经垂头丧气在那里坐了很久了，我去请他进来坐会儿吧。"小雅点了点头。

可只是一小会儿，母亲便回来了，嘴里还不停念叨着："小伙子还挺倔，我让他进来他竟然拒绝了，大概是失恋了吧！"

小雅向母亲询问了男生坐在门口的大致方位后，便走了过去，在她正准备开口劝导一番时，男生便望着她说："谢谢您的好意，我想我坐在这里冷静一会儿就好了！"

小雅对着男生露出甜甜的微笑，说："进去坐一会儿不也是一样的嘛！"

男孩看着小雅那温暖的微笑，竟不由自主地跟着她进了店里。后来他想，那就是一见钟情吧。

原来，男生叫张磊，是刚毕业的大学生，垂头丧气是因为求职面试却接连碰壁，感觉看不到一点希望。

听完张磊的话，小雅看向他的方向，又甜甜一笑："找工作固然是不容易的，但是也不能总是垂头丧气，这样的话，好运是不会来找你的哦！"说完还露出了俏皮的笑容。在张磊看来，小雅的微笑撩人心弦，她自信、俏皮又纯真。在小雅和小雅母亲的鼓励下，张磊重拾了找工作的激情。

事实上，张磊重拾自信是因为他给自己定下了一个新目标，那就是他决定追求这个被折断翅膀的微笑天使小雅。

张磊工作稳定之后就对这个喜欢用微笑来面对一切的女孩子展开了爱情攻势。很快，小雅在母亲的支持下，和张磊走进了婚姻的殿堂。

不管是内心深处受到了打击还是生活艰难，又或是本就存在着身体缺陷，这都不能成为一个女人忘记微笑的理由。对多数女性来讲，微笑有时候更可能会成为收获爱情的一个法宝。

“山鸡哥”陈小春和爱妻应采儿的爱情故事可谓是人人称羡。陈小春性格内向，不爱说话，可应采儿却是一直都有着“微笑天使”的称号。难怪就连陈小春自己也说：“我不爱笑，跟她熟识之后就发现，哇，她很爱笑，笑起来好看又有魅力。我就知道，这个人就是我想要的。”

陈小春因为《古惑仔》大红大紫的时候，应采儿还在上大学。在两人结婚多年以后的一个采访里，应采儿还提到，怎么都不会想到，未来的某一天，这个因为一部家喻户晓的电影红透半边天的男艺人竟然会成为自己的老公！

应采儿和陈小春的情缘起于2002年，这一年两人一起合作了电影《黑道风云》。这次合作让陈小春对这个生活中大大咧咧，总是爱笑的姑娘留下了深刻的印象。但是应采儿当时对陈小春无感，用她的话来说，尽管两个人是同一个公司的艺人，她却觉得这个男人太酷了，并不是自己喜欢的类型，所以并不会考虑两个人要不要在一起，更不会思考彼此适不适合。

很显然，陈小春并没有这样想。

因为在两个人熟悉之后，应采儿的笑容彻底征服了陈小春。她不矫揉造作、大大方方，整个人透露出一种积极向上的活泼感，这正是陈小春所需要的情绪。对陈小春而言，应采儿的笑容是打动他的武器。

每个女孩子的爱情故事，都可以由真心流露的微笑开始，因为微笑拥有打动人心的力量。

# 最夺目的告白气球——我喜欢你

“我喜欢你”，有着诗意满满的意思，像是《诗经》里的“死生契阔，与子成说”；也犹如林夕在《守时》里说到的“若真的可以，能和你未一起便白头未算迟”；还仿佛梁实秋在《送行》里所说的“你走，我不送你。你来，无论多大的风雨，我要去接你”。

对女性而言，当大声说出“我喜欢你”时，一定是心动到极致的表现。因为“我喜欢你”虽然是简单的四个字，表达的却是最感人的念想和最真挚的情感。在爱情里，这四个字更像是最夺人耳目的告白利器。

小娜和小可是同事，而且她们喜欢上了同一个男孩。这个男孩子长相俊秀，脾气温和，工作上遇到困难时他也会及时帮助她们。

朋友问小可准备怎样让男生知道她的心意，小可说：“直接说啊！既然我喜欢他，当然要赶快表明我的心意和感情。”

“就这样啊？没别的了？喜欢他的人可多着呢！”同事打趣道。

小可眨眨眼睛说：“我觉得这一句‘我喜欢你’是我所有的情感，里面包含了我的心情和我对他的感觉，所以我选择直接告白！”

小可的喜欢充满了热情，喜欢就大声说出来；小娜的喜欢却温和又怯懦，只是暗暗地喜欢，不敢告白。因此，小可喜欢这个男孩，所有的同事都知道，但是小娜的心意只有她自己了解。

情人节当天，小可把男孩约了出来，找了一个只有两个人的地方，温柔地笑着对男孩说：“我喜欢你，而且我喜欢你有一段时间了！我这个人比较简单直接，如果你也喜欢我，希望你可以跟我在一起。”

男生温柔地看着她，满眼含着笑，最后点了点头。

在知道小可跟男孩在一起的时候，小娜哭了，她说：“为什么啊？我也很喜欢他啊！”

小娜在此之前经常帮男孩带早饭，逢年过节一定会送小礼物，而且小娜比小可更温柔体贴，可是她不敢捅破那层窗户纸，就这样失去了可能拥有的美好恋情。

其实，当女孩子直接说出“我喜欢你”的时候，已经成功了一半。因为喜欢一个人，往往用更直接主动的表达方式会更容易收到效果。

小婧活得高傲又潇洒，不过最值得夸赞的是她面对感情时的通透和热烈。

一次，她和舍友们一起羞涩又激烈地讨论着“如果遇见喜欢的人，会怎么做”的话题。

“写情书吧，多文艺。”

“要不打电话？这么害羞的事情，可不敢当面说啊。”

舍友们七嘴八舌地议论着，只有小婧说：“如果我喜欢一个人，我一定会当着他的面说出‘我喜欢你’。”

“真的？这么直接吗？”舍友们几乎异口同声。

她平淡地回答：“是啊，‘我喜欢你’虽然只有四个字，但是在我看来是最简单直白，最有效率的告白方式。”

大四的时候，她和舍友们在路上边走边闹，她忽然顿住脚说：“你看，那个男孩子笑起来的样子真温暖。”之后连续一个星期，小婧天天早起，舍友们都很好奇：“你最近着魔了？起得很早睡得很晚，你不是一直秉承早睡晚起的原则吗？”

她神秘地笑笑：“没什么，等有结果了再告诉你们。”

舍友们面面相觑，其中一个舍友猜测道：“她大概是在准备什么考试，想通过了再给咱们一个惊喜。”

“她去年期末成绩还不错，估计是想要趁热打铁。”

“会不会是恋爱了？”不知是谁说了一句，惹得舍友们一起哈哈大笑。

直到两个星期后，小婧才在宿舍正经八百地对舍友们说：“前段时间，我喜欢上了一个男孩儿。我去告白说‘我喜欢你’，他却说自己现在正在参加比赛，不想分心，让我等他两周。那段时间我晚睡是在安慰他，让他比赛别太有压力；早起是要给他送早饭，因为他们总是有早课。”

“他说让你等，你就等？”

她害羞地笑笑：“嗯，因为我对着他说‘我喜欢你’的时候，他笑得很开心，就连眼睛里都充满了笑意，所以我知道他也是喜欢我的，不过是等他两个星期而已。”

停了一会儿，小婧又笑笑说：“你们看，一句‘我喜欢你’，最简单的告白，却铿锵有力，但这句话不只是告白，更像是在诉说心情。”

有时候，“我喜欢你”几个字就能表达最真挚的感情。遇到心仪的人，大声说出“我喜欢你”更具有感染力和说服力。而且，敢于直接又果断地说出“我喜欢你”的女人，可爱又性感。

# 体贴，用最细致入微的心温暖他

爱情就是要用细致入微的体贴去温暖另一半。

懂得体贴的女人，会由内而外散发出令人陶醉的魅力。而男人最中意的，便是女人这种为他人所想、感他人所感的特质。如果说女人是水做的，天生就具备如水的柔情和温顺，那么这恰好符合男人所期待的体贴的女人所带来的情感体验。

体贴的女人，能给予男人舒适和温暖的感觉，更能带给男人细致入微的关心和呵护，就像是给了他们一个能够随时停靠的港湾。

张澜和丈夫结婚一年有余，也算是新婚宴尔。张澜一直以来都是一个体贴温柔的女人，她平时操持家务很有一套，跟丈夫说起话来也是轻声细语。

张澜的丈夫特别喜欢煮咖啡用的器皿，每天下班之后都会兴致高昂地鼓捣自己那些宝贝似的器具。不仅如此，他还去大街小巷四处搜集，最钟爱的便是那套玻璃材质的咖啡器具。

然而，相比不锈钢或是塑胶器具，这套他最钟爱的玻璃器皿更易碎，所以一直以来他都小心翼翼地对待它们，就连观赏的时候也是蹑手蹑脚。尽管如此，不管丈夫如何小心翼翼，总会有“马失前蹄”的时候。

有一天，吃过晚饭，丈夫又像往常一样去捯饬他那套玻璃器皿，张澜正在收拾餐桌，突然听见一声“咣”！张澜心想，是不是丈夫那套钟爱的玻璃器皿碎了？他那么心急的性子，可别把自己弄伤了，于是急忙跑过去查看。

张澜跑过去就看到丈夫委屈巴巴地看着她。这是这个月打破的第四套玻璃器皿了，虽然一套器具的价钱不过几百块，但是四套下来已经两千多块了，这比喝掉的咖啡还要贵啊！

丈夫满心忧愁，担心妻子会嘲笑他的不稳重，或者会训斥他不小心。正准备先开口为自己辩解的时候，妻子看着满面愁容的他，说：“是不是扎到手了？你这大咧咧的性子就别收拾这个了，我来收拾就好了。”查看过丈夫的手没有被划伤之后，她又心疼地说道：“玻璃的器具本来就容易碎！这要是割到手了可怎么办？”

丈夫愣在原地，没有吱声，可妻子的温暖却充实了他整颗心脏。妻子一直都是这么体贴，对他更是照顾得细致入微，就连天冷了备好厚衣服这样的小事她都会想着。他看着妻子蹙着的眉头，霎时决定要用一辈子的深情来回报妻子的温柔体贴。

女人的关怀、体贴，不仅可以让丈夫和孩子感受到疼爱，更能给家庭生活带来幸福感。

女人的体贴，更能彰显女人的素质和涵养，让女人显得更加柔媚可人。女人的柔情体贴，往往藏着足够征服男人的巨大力量。

安静生下孩子后便在家过着相夫教子的日子，丈夫每天准时到家吃饭，两个人就算是有了孩子依旧过得幸福美满。

这天，安静和朋友可晴约好喝咖啡。可晴和她一样，都是在生下孩子后便全身心投入到了家庭。可晴一上来便抱怨："我老公最近总说我粘人，他下班之后去跟朋友打游戏、打牌，嫌我总跟着他。每天总是说在应酬、加班，回来得越来越晚。"

可晴说着说着竟然开始抽泣："我只是关心他，当然也害怕他在外面找一些不三不四的人。自从我整个人投入到家庭之后，变得越来越小心翼翼了。安静，你是怎么做到的啊？你老公每天准时下班回家，你们两个人过得还和刚结婚时一样。"

安静笑笑说："女人不管什么时候都不该丢下的就是体贴。男人在上班之余有些其他放松的方式，应该鼓励。在一件事情上，如果他已经认错了，就适当给他一个台阶下，不要变本加厉地责骂；要信任他，已经工作的男人怎么可能没有异性同事呢？

在他打游戏的时候，不要直接拔掉电源，不要一味地指责，你可以温柔地趴在他的背上，说出自己真实的想法。”

“可是他下班之后，不该陪着我和孩子吗？”可晴柔柔地说。

“那你也不需要总跟着他，毕竟给他一个独立空间也是很重要的，也许他当天上班期间压力很大，才会想着出去放松一下。如果你看见他心情低落，不要去烦他，可以抱抱他，做一顿他爱吃的饭菜，逗他开心，多一些体贴和关心，一定可以让他更爱你。”

可晴被安静的一席话震惊到了，久久说不出话来。

安静过得幸福又平稳，大概就是因为她可以做到细致入微地体贴丈夫吧！在丈夫需要的时候，她可以说些体贴的话、做些体贴的事，这是每一个男人在疲惫的时候都想要的！

一个体贴的女人，不需要有多么强大的能力和气场，而是要用体贴的话语和细致入微的行动来温暖伴侣，就像是一缕暖阳，可以融化他的整颗心。

# 爱如流沙，抓得越紧流得越快

人们常说“因为爱，所以爱”，可即便是爱，也不可以跟得太紧，追得太急，更不能以爱情的名义去禁锢对方，妄想控制对方的一切，试图把对方当作自己的所有物。

他爱你，并不代表他只属于你，他应该有自己的时间、空间，这才是真正的爱。没有爱的感情，就像是一盘散沙，风一吹就散了。那么抓得很紧的爱情就不会被风吹散吗？不是的，爱更像是流沙，越是抓得紧流得也就越快。

两个人在一起一定是因为爱情，但是之后的相处却不能只依据简单的“爱情”二字。

小玲和男朋友是高中同学，大二的时候两个人才开始交往。在此之前，他们是无话不谈的朋友。小玲感情细腻，没有安全感；她的男朋友则是大大咧咧的个性，很受异性欢迎。

在他们谈了半年恋爱之后，第一次吵架了。

男朋友气愤地说："我们在一起半年，见面的时间本来就不多，只要一见面你就会查看我的手机，还翻看我的聊天记录，那是我的隐私你知道吗？"

小玲辩解："我是你的女朋友，你也可以看我的啊！"

"我不看你的，希望你以后也不要看我的。"

小玲生气道："你不让我看你的手机，说明你跟别的女生有亲密的举动或者是聊天内容不敢让我知道。"

她的男朋友觉得无语："我跟你在一起半年，你要求我必须一分钟内回你的消息、你的电话必须接，之后又要求我不能交异性朋友，我为此几乎和我的异性朋友绝交，你还想我怎么样？"

小玲说："我也没有交男性朋友啊！只要是你的信息我一定是第一时间回复。"

她的男朋友呵呵笑道："我并没有那么要求你。"沉默了许久又说了一句，"你好好冷静一下，想清楚了再联系我。"

说完，他头也不回地走了。

小玲瘫坐在地上，嘴里一直念着："我真的错了吗？我只是想好好地让你陪着我，让你的生活里只有我一个女人，让你只爱我一个人。"

小玲和朋友诉苦，朋友劝她："你把他看得太紧了，有时候这种行为只会让人觉得难以忍受，会压得人喘不过气。"

小玲陷入了思考，回忆起之前种种，恍然大悟。

这一天，她把男朋友约到之前常去的咖啡馆，开口便说：“这段时间我很抱歉，是我太没有安全感才把你看得那么紧。也很抱歉这段时间让你没了交际圈，我一直只想着我很爱你，却忽略了爱情不是占有和禁锢，你应该有你的私人空间和时间。”

小玲顿了顿又说：“爱情有的时候就像流沙，握得越紧越容易流失。我想得很清楚，我很爱你，我不想因为我的不安全感让自己失去你，我不会再紧握着你不放，我愿意给彼此空间和时间。所以我想说如果你还爱我，我希望我们的感情会在以后相处的日子里越来越坚如磐石。”

男朋友笑着揉了揉她的头发。

其实，爱情从简单层面来说，不过就是一句“我喜欢你”。可是复杂些来讲，爱情更像是为了抓紧对方的衣袖而竭尽全力做出的努力，不巧的是，有的时候，歇斯底里毫无用处，因为爱情有的时候不是坚如磐石，而是散如流沙。

晴儿吵架了，在她和丈夫结婚一周年的时候。丈夫觉得自己快要无法呼吸了，妻子仿佛无处不在，不管是在家里还是在他工作的单位。

丈夫质问她：“为什么你一定要用爱情把我们压得喘不过气呢？”

于是，晴儿一气之下跑到海边，母亲找过来的时候，吓了一跳。

晴儿说："妈妈，您放心，我没有想不开。"

母亲这才松了口气，对她说："妈妈陪你走一会儿吧。"晴儿点点头。

母女俩沿着海边走了一会儿，晴儿忽然问母亲："怎样才能把握好自己的爱情呢？"

母亲并没有立刻回答她，而是说："你抓一把沙子给我，尽可能地不要漏。"

晴儿虽然很疑惑，但并没有多问，只是俯身抓起一把沙子，可还不等她起身，沙子就一直在流失。她越是想要留住这些沙子，便越用力，可是越是用力沙子流失得越快。

母亲问她："握着这把沙，你有没有想到什么呢？"

女儿蹙着眉头，沉默了许久。

母亲这才说道："有时候，爱情更像是这把沙子，人们往往想要将它牢牢地握在自己手中。可是，有些时候，越是紧握，越是容易让对方想要离开禁锢。"

母亲摸摸晴儿的头，继续说："其实爱情很简单，你只需要在某些时候，给彼此一点空间和时间就好。爱需要的是宽容，需要的是彼此的互相信任，如果一份感情充满了束缚，你还会想要吗？"

晴儿恍然大悟，原来她之前对丈夫的不理解，源自于自己的不信任。她害怕丈夫与异性同事交往过多，要求丈夫的身边只可以有自己一个女人，所以她几乎占据了丈夫的所有业余时间，甚至连他上班也总是打电话查岗。这样的做法不仅引起丈夫的不满，更是养成了自己患得患失的毛病。

自此以后，晴儿不再过多干涉丈夫的工作，而是在鼓励丈夫工作之余找到了自己喜欢的事情；丈夫上班时她也不再总是打电话，两人原本岌岌可危的夫妻关系也得到了缓解。

爱情，说白了就像是左右脚，两个人要做的是互相支撑，而不是相互束缚。试想，如果把左脚和右脚绑住岂不是寸步难行?

爱情就像是流沙，学会好好把握住的同时更重要的是掌握技巧，切莫攥得太紧，因为有些时候，抓得越紧流得越快，越会引起对方厌烦。

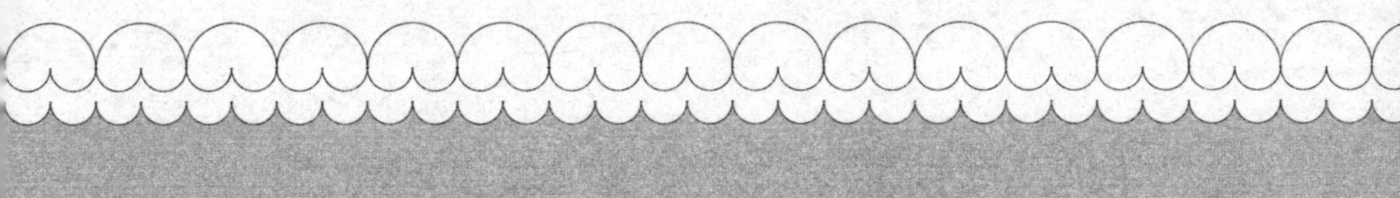

# 第七章

## 端庄大方，诠释无言的脱俗

# 端庄大方，诠释无言的脱俗

端庄大方的女人，往往更能给人一种赏心悦目的感觉，相处起来更轻松，并且散发着独特的魅力。

所谓端庄大方的女人，是指言谈举止透着知性的女人。这类女人最爱的不是泡吧、沉浸于网络世界，而是读书、学习。端庄的女人待人处事落落大方，而且知书达理、气质脱俗。

董卿作为一名新时代女性，大概是端庄与“腹有诗书气自华”的典范了。

董卿的父亲一直用“马铃薯再打扮也是土豆，你每天花在照镜子上的时间还不如多看书”来教育董卿。在董卿刚认识字的时候，她的父亲就把教育重点放在提高她的文学素养上，抄成语，背古诗、古文等，是董卿的父亲经常让她做的事情。

不仅如此，在父亲的督促下，每天天还没亮，董卿就会起床锻炼身体。用“文明其精神，野蛮其体魄”来评价董父的教育模式再精准不过了。读书、运动是提升一个人气质和涵养的重要方式，这样的生活习惯会对一个人产生极大的影响。在父亲的教育下，董卿不但养成了阅读的好习惯，久而久之更是养成了专属“董卿式”的端庄大方的气质。

大概是受父亲一直“逼着”阅读的影响，董卿从小就爱好文艺，不仅作文成绩优异，就连参加演讲比赛也几乎次次获奖，唱歌跳舞更是样样在行。

从小就有着演员梦的董卿没有遵循家人的意愿，而是报考了艺术学院。一次偶然的机会，董卿接触到了主持人的工作并由此开始了主持生涯。

后来，小有名气的董卿并没有沉浸在小小的成绩当中，而是在寻找更好的机遇，她一边继续读唐诗宋词，一边寻找人生方向。

工作几年后，董卿经过不断努力成为华东师范大学中文系古典文学专业的硕士研究生。她主持的《中国诗词大会》和《朗读者》，使亿万观众被她的端庄大方所吸引。她身上那种温文尔雅、清新脱俗的气质，如果不是长时间坚持阅读是不可能形成的。

的确，要养成阅读、早起这些看似简单的习惯，绝非易事，但一旦有了这种难能可贵的行为习惯，就会使人由内而外散发出知性美。这种知性象征着端庄大方，象征着气质脱俗，是那种矫揉造作者学不来的优雅。

一年一度的同学聚会又要到了。今年的聚会话题一直围绕着当年班里的大才女夏楠。因为夏楠已经“沦落”为家庭主妇，并且还被丈夫抛弃了。结婚后的夏楠整个生活的核心就是守着5岁的儿子，全身心地照顾老公和家庭。可即便是这样，她还是离婚了。去年的聚会上，她不断哭诉自己如何被老公嫌弃、被儿子嫌弃、被整个家庭嫌弃。

同学们无疑都觉得唏嘘。夏楠上大学的时候是中文系的大才女，长得漂亮、举止大方、行为端庄，又颇有文采，不仅很得老师的欢心，追求她的人也是从没断过。

所有的同学都觉得今年的同学聚会夏楠不会来了。令人意外的是，夏楠不仅来了，而且精神状态还挺好，简直就像变了个人一样。

同学们都觉得惊奇：“才一年，她怎么忽然就变回大学时那个优雅大方的夏楠了呢？”

在昔日同学的好奇询问下，夏楠徐徐地说出了自己这一年的经历。原来，在离婚后，她整个人颓废了很久，但是偶然中遇见了原来的大学导师。导师看着她恨铁不成钢地说：“芳华容颜终会老，唯有气质藏人心。夏楠，你自己好好想想，自己有多久没有读书让自己好好提升了？”

夏楠这才恍然大悟，之前自己几乎已经习惯了柴米油盐酱醋茶的生活，几乎要忘记自我，差点把自己熬成一个丝毫不见当年气质的无知妇女。

夏楠顾不得沉浸在婚姻破碎的痛苦之中，重整旗鼓再次投入到“气质养成”的行列，决定重新找回当年那个端庄大方、举止优雅的自己，而不是再做一个“黄脸婆”。

大家不停地追问，夏楠悠悠地说：“看书、健身、运动，可以说是提升气质的必修课程，‘书中自有颜如玉’，书读得多了，自然会提高整个人的文化素养。健身是为了让自己有更好的举止仪态。有了恰当的行为举止，整个人就会显得端庄。在这之后，我学会了理财。因为经济独立是一个女人自信的资本，女人只有自信了才能有脱俗的姿态。”

一个落落大方、端庄娴雅的女性，往往有着一个“习惯性”的过去，她们在过去有着阅读的习惯、运动的习惯，甚至是早睡早起的习惯。不用羡慕她们仪态大方、举止端庄，如果你愿意抛弃浮躁和粗俗的生活，你也一定可以成为端庄大方、清新脱俗的女人！

## 高情商的女人，就是有分寸感

一个聪明女人的言谈举止，往往能够很好地说明她自身的情商和智慧。高情商的女人不仅可以将自身的优势展现得淋漓尽致，更能把握好待人接物的分寸。

分寸感是心理学的所属名词，是人的修养促使人在工作、生活中展现出的待人接物的合理认可度。很明显，一个有分寸的女人，不管是在生活还是工作中，都会展现出她高情商的一面，不仅可以合理地处理工作上的危机，更能有效地化解家庭矛盾。

小微上班已经七年了，虽然还很年轻，但是已经晋升为公司的部门副主管，也有了自己的家庭。她一直都是别人口中的成功女人。

这天，小微刚下班回到家，还没缓过劲儿，便接到了朋友小哲的电话。小哲和小微是大学时的舍友，更是好闺蜜。毕业后小哲在另一个城市做文员，过着日复一日的生活。

小微刚接起电话，还没来得及打声招呼，便听见电话另一头小哲的抱怨。小哲委屈地说：“我今天太倒霉了，不仅跟同事大吵了一架，还被主管劈头盖脸地训斥了一番。我不过就是说了她几句，她竟然去主管那里哭诉，害得主管说我作为老同事说话没分寸，斥责了我一番。”

小微便问：“你说什么不好听的话了吗？”

小哲委屈巴巴地说：“她来公司虽然没多久，但也已经半个月了，却还没有对工作上手，我气不过，说她这么笨是怎么从学校毕业的，连这么简单的工作都不会，十来岁的孩子都比她学得快之类的。”

小微听着都有些刺耳，正打算张口规劝，却被小哲打断了：“我每天上班已经够心烦的了，回到家还要跟婆婆‘斗智斗勇’。他们一点都不体谅我，一定要我在现在这个阶段要孩子，我现在正是关键时期，请产假的话一定会被辞退的。”

说着说着小哲委屈地掉下了眼泪：“我婆婆在外面说我不会说话办事，哪有这么说自己儿媳妇的？我不就是说了她儿子几句窝囊废嘛。”

听着小哲的话，小微再也忍不住了，她反驳道：“没有这么说自己儿媳妇不会说话办事的，就有这么说自己老公窝囊废的？”

小哲止住了眼泪，静静听着小微说。

小微极尽委婉地说："同事不过就是吸收知识慢了一些，你就把人家说得像个笨蛋一样，还说人家连小孩儿都不如，也难怪你们主管训斥你。你老公应酬喝酒不都是为了工作，你说人家是窝囊废，还怪你婆婆说你不会说话。你说话真是一点分寸都没有，现在知道你们主管为什么说你情商低了吗？"

小哲一下就被小微说的话震住了。小微从大学时起便是一个知进退又懂礼数的女孩子，不管是为人处世，还是待人接物都很有分寸。正是这种带有分寸感的高情商，使得小微不管是在工作上还是家庭中都做得很成功。

做一个说话有分寸的高情商的女性，可以更好地在工作、生活上排除万难。当你有了说话的分寸和做事的智慧，便有了让自己变好的底气和资本，而这些也将是你家庭圆满、事业有成的基石。

高智商的女人不会让自己吃一丁点儿亏，而高情商的女人会觉得吃亏是福，并且可以把"亏"巧妙地转换成"得"。

低情商的女人展现出的不仅是言谈举止上的无礼，更是表现出了在面对家庭、工作等问题上的力不从心。

在外人看来，小娜待人善良平和、处事果断，有着幸福的家庭和不错的工作。事实上，小娜也确实如此。

在一次朋友聚会的时候，朋友夏莲向小娜请教怎样处理婆媳之间的关系，小娜温婉一笑，便讲出了近期她和婆婆之间发生的一件小事。

原来，婆婆退休在家已经有一段时间了，可能是闲来无事就一直挑剔小娜的厨艺或者生活上的毛病，小娜不想因为这个跟婆婆或者丈夫吵架。

在一次聊天中小娜发现婆婆一直想去旅游，但是没有合适的机会，也不舍得花钱，她就记下了婆婆的想法，并帮她报了旅行团。婆婆知道后连连推辞，觉得她浪费钱，可眼里的欢喜她看在眼里，便鼓动丈夫跟自己一起劝说，最后婆婆果然去旅游了。

婆婆回来后虽然觉得劳累，可满心欢喜，并专门给小娜买了一个吊坠，小娜十分欣喜。可是当婆婆拿出吊坠之后，小娜便发现那个吊坠是假的，她意识到婆婆可能被骗了，但她还是非常高兴地把那个吊坠整天戴在脖子上。

小娜说："婆婆自己舍不得去旅游，却花了大价钱给我买了礼物，如果她知道自己被骗了，肯定会很后悔花这么多冤枉钱，这会影响她对这次旅游的感受。"

有时候，有些事自己心里有分寸就好，并不一定要说出来，况且这件事即便是说了也于事无补，何必要较真呢?

小娜把握住了处事的分寸，不仅考虑到了婆婆的感受，也顾及到了家庭的和谐，显示了她在处理事情时的高情商。

聪明的女人会说话，高情商的女人懂分寸，这其实是相同的道理。想要兼顾家庭和工作，自然离不开高情商。家庭和工作不可能“一边倒”，一方面处理不好有可能影响另一方面，而高情商的女人不会让这种情况发生，她们不管处理哪一方面的事情，都会拿捏好分寸，把握好尺度。

# 坚持奋斗，是对梦想最大的忠诚

有人说：女人要活得漂亮，这样走起路来才更铿锵。那什么是活得漂亮呢？就是女人要有自己的圈子和事业，做到金钱独立和生活自立。

而要做到这样的独立和坚强，就要成为一个肯努力、肯奋斗的女人，因为坚持不懈的奋斗便是对梦想最大的尊重和忠诚。

程颖是镇上出了名的女强人，她不仅说起话来铿锵有力，做起事情也雷厉风行，身边的朋友都笑称她是“铁娘子”。

34岁的程颖有着自己的梦想和憧憬，知道“如果没有梦想，那和咸鱼没什么区别”的道理。可是程颖的丈夫和她是截然不同的两种人，程颖的丈夫好吃懒做，不思进取，程颖没有像其他女人那样选择隐忍，而是毅然决定离婚。就这样，程颖带着孩子离婚了。因为在结婚之前有过做销售的经验，她快速地捡起了老本行，在镇上做起了美食销售。

美食销售简单来讲就是通过“拦截”来往的人们，让他们试吃，并且购买该食品。虽然这工作听起来简单、乏味，但是程颖却做得异常用心。

她从基层做起，花费了四年时间成为美食编辑，又用了两年时间成为美食顾问，期间的艰难只有自己知道。在她刚刚接触这个行业的时候，一有时间就翻看相关书籍、搜集相关资料，就连原本不懂的网络也是那个时候熟悉起来的。

一次很偶然的机会，程颖接触到了“网络视频销售美食”，也就是现在所说的“吃播”。在推销美食的时候，她发现有人在用手机和朋友通过视频分享好看的衣服，于是程颖便想也许自己可以利用网络推荐美食。

程颖刚进入这个行业的时候每天只睡6个小时，成为美食顾问之后也一直保持着这个习惯。由于程颖本身就比同公司的员工年龄要大，所以她一刻也不敢松懈。闲暇时她都在学习如何做一名合格、有特色的编辑，或者是思考该采用怎样的方式可以更好地推销美食。

事实上，程颖成为美食编辑之后，依然会有人问她：“颖姐，你都这么大岁数了，来干美食推销这一行，会不会太晚了？”

程颖总是淡淡一笑，回答道：“销售美食，甚至是做美食编辑，都不是整天动动嘴皮子说一些无用的话就可以做好的，靠的是肯下功夫、肯坚持的毅力。”

作为大器晚成型的成功女人，程颖算是“吃得苦中苦，方为人上人”的典范了。一个女人要想成功往往比男人要经历更多艰辛，因为她们有着更多的顾虑和需求；但也可能比男人成功要简单，因为她们有着更坚韧的毅力，以及对梦想更大的忠诚。

离婚之后的程颖独自奋斗了六年，如今的她已经成为女人通过奋斗实现梦想的典范了。

摄影师夏冰患上乳腺癌的时候，不仅她的婆婆嫌弃她，就连她的丈夫也嫌弃她，只有她的女儿还是喜欢亲近她。终于，在丈夫熬不下去提出离婚的时候，她同意了。但她并没有难过很久，因为女儿还需要她，病也需要尽快治疗。

好在工作单位的领导并没有落井下石，而是继续给她机会：“夏冰，公司领导知道摄影是你的梦想，也知道你最近的不容易，不准备因此开除你，希望你可以好好工作，对得起领导的这份用心。”

夏冰突然有些哽咽：“嗯，领导请放心，我一定会好好工作，更加努力奋斗，不仅是为了梦想，也为了公司。”

夏冰心想，每个人的生命只有一次，要想不浪费就只能为了梦想奋斗了！

这一年，夏冰已经32岁了，这次生病是她生命的转折点，也是她人生命运的转折点。

于是夏冰积极配合医生治疗，也更加努力地工作。不久之后，在公司一次内部比拼之中，她靠着自己的天分和后天的努力，终于拿到了某次秀场的拍摄资格，并且毫无疑问地成为了之后秀场的御用摄影师。

程颖没有因为病痛而放弃生命，而是懂得了梦想的重要性，她之后更加热爱生活，并且坚持为了梦想而奋斗。

在配合治疗之余，夏冰最喜欢做的就是陪女儿画画。在夏冰的字典里，家庭是最重要的，尽管她离婚了，但这并不影响女儿成为她整个家庭的核心。

女人在拥有梦想的同时，必不可少的就是为了梦想坚持奋斗的决心。如果只有梦想，而不想着去实现，仍旧不过是一条不会翻身的咸鱼。

# 用知识激发自己新生

上学的时候老师常说：“知识就是力量。”

作为新时代的女性，我们要在各个方面激发自己的潜能，而最好的方式就是用知识来武装自己。拥有丰富知识的女性更容易吸引人的注意，拥有更多选择的机会，也拥有更多在人群中脱颖而出的机会。

知识，是当代人在了解物质世界以及精神世界上做出的探索，是为了更好地了解未来必然要走的一步。而女性，要想有更多认识世界的方法，最好的方式就是用知识来武装自己的头脑。

作为第一个当选WTO法官的中国人，张月姣的头衔简直多到数不清。显而易见，在新闻媒体的眼中，她俨然已经成为见证中国在对外贸易方面飞速发展的标志性人物了。而她，也是书写“用知识激发自己新生”的响当当的人物。

53岁那年，张月姣没有像普通老人一样静待退休，而是决定出国留学——攻读MBA和博士学位。

尽管听起来像是不可思议的故事，但张月姣毅然选择“活到老，学到老”。事实上，即便对于年轻人来讲，同时攻读博士学位和MBA也是不容易的事情。但张月姣已经不是第一次挑战不可能了。

年轻时的张月姣就有一颗勤奋好学的心，那个时候她就坚信“知识是让自己变强的最好的武器”。在第一次从法国留学归来之后，她得到了一份很不错的工作，但很快，她就发现自己学习到的知识在工作岗位上根本不够用，于是她决定去美国攻读硕士。

在美国留学期间，张月姣担任了世界银行的法律顾问。她白天工作，晚上便挑灯夜读，别人修4门课，张月姣一口气修了11门课程，这算是确定了张月姣“铁女人”的称号。

去美国读硕士之前必须要考TOEFL，别人听后都替张月姣擦冷汗，但张月姣却说：“世上无难事，只要肯学。”之后，为了考出好成绩，张月姣连续很多天都只睡2个小时。最后，她的成绩比很多英语专业的同学考得还要好。

对张月姣来讲，知识是她用来充实自己的法宝，更是她用来激发自己无限潜能的武器。

就算是已经有了一个稳定的工作又怎样？就算是53岁又如

何？对张月姣而言，学习是学不够的，不管学多少也不可能有结束的那一天。

有了丰富的知识，才有了让自己气质变得典雅的资本。在现代社会，如果没有丰富的知识如何认识绚丽的大千世界？如果没有利用知识充实自己的大脑，如何成就高贵且有意义的人生？有了知识才有了对抗无知的能力。

小楠是从大山里考出来的孩子。上大学后，课余时间她一边打工一边学习，还尽其所能地选修了各种课程，就连之后的考硕、考博她都一如既往地秉承着——知识是成长的源泉，更是激发自己新生的武器。

在一次大学的周年校庆上，学校邀请她作为优秀毕业生上台演讲。站在高高的演讲台上，小楠不疾不徐地做了自我介绍之后，讲述起了自己的故事。

她是家里唯一的女孩子，按照城里的说法她本该有着无忧无虑的童年。可恰恰相反，正因为她是女孩子，家里不允许她上学，但是她有一个开明的奶奶。当时村里只有奶奶一个人支持她上学，其他人都觉得女孩子学那么多知识没什么用。奶奶告诉她："好孩子，你一定要努力学习更多的知识，这样你才有机会从大山里走出去，看看外面的世界。"

"终于在我奋斗了无数个日夜之后，考上了大学，用了两年时间就修完了大学四年的课程。之后的考研、考博，我也是用了一半的时间就得到了双倍的结果。”

观众席上的同学们大吃一惊，并露出了欣赏或怀疑的表情。

小楠笑笑说：“我努力奋斗，尽可能地想让自己学习足够多的知识，更多的是为了对抗村里那些认为知识没有用的偏见。

“小的时候，我不懂奶奶为什么一定让我好好学习，获取更多的知识，长大后我才明白，人只有有了文化，有了足够的知识，才有了成长的资本。而我，做出这么多的努力是为了更好地证明——知识是可以激发一个人的潜能的。”

台下有学生发问：“那您为了学习到更多的知识都做出了哪些努力呢？”

小楠徐徐地说：“其实我一直不是个聪明的学生，学习知识并不能死学，也不能投机取巧。大学毕业为了考研，我每天泡在图书馆，甚至差点用上‘头悬梁，锥刺股’的方法了。考上硕士研究生之后我更不敢松懈，因为还想考博士研究生，所以我每天都用了十二分力气去上课，还去旁听我感兴趣的其他课程，我觉得但凡是知识，都是有关联的。”

小楠不紧不慢地继续说：“事实上，我并不赞同说一个人为了学习知识付出了多少努力，因为学习知识本就是一个漫长的过程，在这个过程中你得到了充实自己的机会，并且有了很大的提升。知识甚至是可以用来激发一个人获得新生的，每个人都是在积累更多知识的道路上越走越远，越走越成熟的。”

小楠最后说：“分享这个故事是想让大家明白知识对一个人成长的重要性，学习知识不是为了单纯应付学业或者考试，知识的丰富与否很有可能成为衡量一个人是否成熟的标杆。”

的确，学习知识既能够充实自己，又能够推动自己更好地成长。毕竟，知识是用来武装自己的武器，也是用来激发自己重获新生的能量。

# 要知道自己的兴趣和优势在哪里

当代女性标杆杨澜女士曾说：“在真正看过世界之前，不要急着做人生的重大决定。只有视野宽了，才知道自己想要的是什么。”

女人在发现自己的兴趣爱好是什么之后，就要切身去体会、领悟自身的优势在哪里，在洞悉与他人的差异之后，就能够更好地在之后的生活和工作中占据优势，也就可以清楚地了解自身条件，从而抓住发展机遇，并且坚定地做好为目标奋斗的准备。

人们常说：兴趣是最好的老师。的确，做好一件事情最好的方式就是对它有着浓厚的兴趣，而这种兴趣更多地是来自对此事的喜爱和抱有期待。

可以说，兴趣具有一种独一无二的魅力，找到兴趣和爱好的人，便找到了通往成功的钥匙。

作为一个农村姑娘，王惠若从小便是穿着母亲给她织的毛衣长大的。她小时候最开心的事情就是看着母亲为她编织毛衣，从小她就对编织这项手工活儿有着极大的兴趣，并且熟练地掌握了这门手艺。但“兴趣不能够当饭吃”，王惠若在22岁的时候来到北京打工。

勤劳聪慧的王惠若仅仅干了半年多便成了纺织车间里的小领班。可即便是当上了头儿，王惠若对织毛衣的兴趣依然有增无减。她依旧忘不了编织毛衣给她带来的乐趣，闲暇时总是喜欢织些东西过过瘾。

尽管王惠若有着不错的工作，拿着不错的收入，可她还是觉得缺点什么。终于，在沉思了许久之后，她发现自己还是希望可以开创一份事业，而这份事业最好既是自己感兴趣的，又是别人还没有涉及的领域，这样才能更好地在市场上立足和发展。

王惠若想到了织毛衣。可是，在这样的大城市，手工编织的毛衣有谁会穿呢？就算是自己编织一件穿出去也有可能会被别人嘲笑老土。一想到这些王惠若退缩了。

这天周末，王惠若和朋友去参观博物馆，看着一件件古色古韵的器具，王惠若猛然发觉，之前自己编织的东西大都是平面的，如果可以编织一些立体的物件肯定很受欢迎。一想到这里，王惠若信心满满。

于是，王惠若开始尝试用最原始的编织方法制作工艺品，之后又在工作之余想出了青铜鼎、古瓷瓶造型的勾编方法。只用了大概两个多月的时间，她就编织出了形象与真品相似的“青铜鼎”和“古瓷器”。为了验证自己编织的作品是否可以招来人气，她来到夜市进行售卖，因为造型罕见，这几件让人耳目一新的手工艺品很快就吸引了人们的目光，一个晚上她就把自己的作品卖了个精光。

王惠若尝到了甜头，更加坚定了要做自己有兴趣的事情的决心。她果断离职，用所有的积蓄开了一家名为“798艺术”的手工艺品店。

她做的手工艺品造型大到青铜器、瓷器、小动物，小到手机链、花卉，种类丰富，深受欢迎，王惠若从一个乡村姑娘一跃成为成功的女企业家。她将自身经历写成了一本名为《兴趣是最好的老师》的书，让更多人认识到，兴趣是对事物保持激情的最好方法。

要想更好地融入社会这个大环境，就要找到自己的优势，并且主动发挥自己的优势，这样才能够发出属于自己的光辉。

记得当初一部《疯狂动物城》火遍了全世界。里面的兔警官朱迪从小就有着“警察梦”，尽管自己是个女性，而且相较于老虎、河马警察，显得身材短小，在动物城里常被忽视，但她还是想要克服这些缺陷，找到自己的优势，完成自己的梦想。

即便是面对别人的冷嘲热讽——“兔子当不了警察。”“你只是会种萝卜的兔子。”也并没有使朱迪气馁，她不断寻找自己可以利用的方法来通过训练和考试，并最终找到了自己的优势，那就是轻巧的身体和敏捷的身手。

攀岩爬坡爬不上去她就利用自己轻巧的身体，从犀牛的身上跳跃到长颈鹿的脖子上轻松过关；和队友训练“对打”时，她便利用自己灵巧敏捷的身手和赛场上的道具击倒对方……最后，她作为哺乳动物中女性警官的佼佼者，更是动物城里的第一个兔子警官，光荣毕业了。

在一次店铺抢劫犯逃入小型动物镇的事件中，朱迪利用自己的身高优势，直接迅速地进入到小型动物镇，用她敏捷的身体、机警的胆识很快地抓住了这名逃犯。

在面对比她高出十几倍的栏杆时，她依旧利用自己短小精悍的优势敏捷地翻过了栏杆；在面对比自己凶悍甚至已经发狂的动物美洲豹时，她巧妙地利用娇小的身材躲避到树洞中从而躲过了攻击。

很明显，作为一名女性，并且身处一直以来都是力量型动物担任警察的动物城，兔子警官是不完美的。朱迪看起来娇小、柔弱，毫无威严可言，可就是在这样的外形条件下，她有着一颗充满战斗力的内心和别人没有的优势。于是，她凭借敏捷的身手和敏锐的观察力，达到了自己的目标，完成了自己的梦想。

女性，在社会生活中不一定要扮演弱者，有些成功女性正是在发现兴趣、利用自身优势之后才得以达到质的飞跃，因此女人一定要知道自己的兴趣和优势在哪里，然后主动、客观地去追求和发掘它们，从而一步步迈向成功。

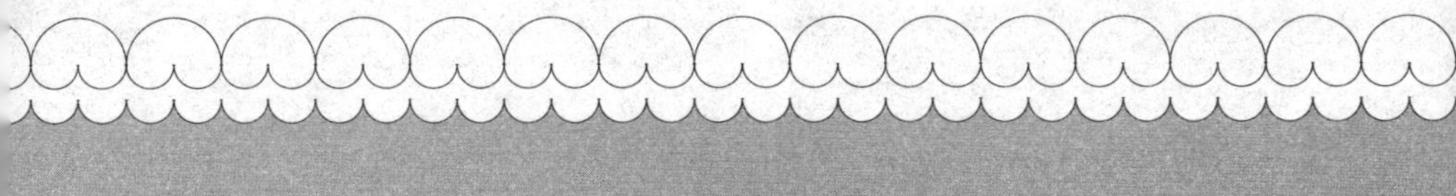

# 第八章

# 谈吐如歌，自带气场和芬芳

## 谈吐如歌，自带气场和芬芳

古今中外对女性的认识一直都发生着改变，从原来“弱柳扶风”的温婉到后来的“女子能顶半边天”以及“谁说女子不如男”的魄力，一直到现在的“谈吐如歌，自带芬芳”的魅力。女人一直都以自身的气场和魅力，不断地刷新人们对她们的认知。

谈吐如歌，要求的不是女人一定要做到出口成章，而是能做到说话得体、大方，有涵养。亚茹是某大学历史系的高才生。毕业之际，学校要求她提交一篇有关研究非物质文化遗产的论文，可是论文的参考文献中有许多她不懂的地方，并且论文的相关结论中有某些内容需要了解当地非常细致的资料。可是，由于年代久远，就连了解实际情况的人都少之甚少，留下的文字记载、影像资料就更是稀缺了。

亚茹听说学校有一位老教授，常年研究有关非物质文化遗产的内容，并且从事非物质文化遗产保护工作，她心想也许在老教授那里会搜集到相关资料。

于是，亚茹便前去恳求老教授，希望可以借阅一下相关资料。但是老教授为人严肃谨慎，脾气古怪，之前向他借阅资料或是请教问题的人都被骂得狗血淋头不说，甚至还被扫地出门，几乎没有人再敢向老教授请教问题或是借阅资料。亚茹找到老教授表明目的之后，果然，先是被言语刺激了一番，最后又被轰了出去。

但亚茹并不退缩，她托人要来了老教授的电话号码。身边人都等着她再吃一次闭门羹的时候，没想到她居然抱着一堆资料回来了。不仅如此，她在抱回资料之前还和老教授边吃饭边聊天！

这一下，彻底激起了身边朋友的八卦之心。

大家七嘴八舌地议论她是如何“拿下”老教授的，她听后也只是神秘一笑。

原来，她在打电话之前就已经把老教授之前发表过的文章大致读了一遍，并且将重点标注出来，然后深入地做出相应的分析和理解，并且将几个不同的见解和问题列了出来。做完这些事情之后，这才拨通了老教授的电话，她并没有直接表明自己是为了找资料，而是说：“您好！您是某某相关研究论文的作者吗？我对您这篇论文中的某一章节有不同的理解。您能指导我一下吗？”

老教授听完她的话，居然不好意思地回答："那是我很久之前发表的一篇论文，确实有些地方做的解释不够到位。"然后，亚茹趁热打铁将老教授约出来边吃饭边聊。两个人相谈甚欢，期间亚茹假装"不经意"间提及自己最近在写的论文和做的研究："教授，您看这篇有关某非物质文化遗产的相关内容，是否存在很大的问题？首先，作者对于它的发现地点描述得很模糊，不仅如此，就连里面的重点描述也是云里雾里。看这种模棱两可的研究资料，果然还得请教教授您。"

听完她的描述，老教授欣慰地点点头，笑着说："确实，有些资料对于某地的非物质文化遗产描述得不够清晰，你下午有时间的话，可以再来找我，我办公室有更加详细的相关资料。"

亚茹可能没有说出大篇幅有才华的句子和言论，但她说出的这段话，无疑为她赢得了老教授的认可。

有时候女人的谈吐如歌，不是口若悬河，而是在充分了解和尊重对方的前提下，能够找到对方感兴趣的点，既不过分吹捧，也不过分贬低，让人觉得跟她聊天很舒服。

就像英国思想家培根曾说："说话时含蓄与得体，比口若悬河更可贵。"不管是怎样的社交场合，言谈举止得体、交谈自如都能为自己赢得掌声和他人的赞誉。

王雅和陈梅都是某公司项目部的职员，两个人虽是同事，但王雅毕业于某知名高校，陈梅却只是一所普通大学的毕业生。

王雅平时说话不会注意是否得当，也不会考虑别人的感受，时常会挖苦在文化水平上差她一点的陈梅，或是比她弱一些的其他同事。因为察觉不到自己言语上的失礼，她依旧一如既往地做着有损别人对自己认知的事情，说着不得体的话。很多同事都不太喜欢她，但是碍于陈梅一直有意无意的帮助，同事们都并没有真的去跟王雅计较。

一次，项目组准备去洽谈一个合作计划，项目部主任把王雅和陈梅分为一组，让她们两个一起去谈这个合作计划。王雅和陈梅准时到达约定地点，王雅认为自己的知识水平比陈梅高，主动占据了洽谈中的主要位置。

在谈合作的过程中，王雅悠悠地说："这个地方设计得不仅艳俗而且充满了铜臭味，给人的整体感觉就很世俗。"她丝毫没有注意到她口中这个世俗的地方就是合作方生活、工作的地方，依旧滔滔不绝地说："色彩俗气不说，就连格调都不伦不类。"

结果，合作方嗤笑一声："看来是贵公司的设计过于高雅，我们公司的格调粗俗，欣赏不来。"

走出见面的地点，陈梅直直地盯着王雅，一本正经地说："今天坐在你对面的是你的合作方，不是我或是公司的同事。"

回到公司之后，陈梅急忙与对方负责人通了电话，首要目的是道歉。陈梅说："您好！我是今天和您进行洽谈的某公司项目部的陈梅。首先，请容许我为我同事的不得体的言行向您道歉。

其次，今天您带我们去的那个地方设计得美轮美奂，它的富丽堂皇正是为了显示居住人的身份，是我们眼拙，欣赏不来。既然您想装修，何不尝试换一种居住风格，回归一下简单的格调呢？您觉得呢？”

对方负责人说：“嗯，这里的装修确实存在一些问题，但是你那个同事说的话实在是有欠妥当。这样吧，你现在过来，咱们继续讨论一下有关合作的事情！”

陈梅的一通电话，看似并没有说出多么精彩的言论，但却用一段得体的话得到了对方的认可。

大多数的女人可以做到侃侃而谈，但这与谈吐如歌有一定的区别。做到谈吐如歌更像是做一个具有高雅气质和散发无穷魅力的女人，这类女人往往有着强大的气场，却不失独特的魅力。

# 话太多，有时可能会吓到别人

常言道："少说话，多做事。"

的确，在工作、学习上多带耳朵少带嘴，正是所谓的大智慧。事实上，在工作、生活中话太多往往会犯忌讳，少做一些无谓的谈论，不给别人制造茶余饭后的谈资，才更容易受到赞赏。

在工作之中，说话是门艺术。话太多的女性往往让人觉得对工作不严谨，并且话太多的女性会给人一种不值得信任的感觉。

在一个正在播出的电视节目中，一位叫李娜的年轻女士正在接受采访。

李娜已经毕业六年了，现在是一家公司的副总。看着主持人狐疑又敬佩的态度，李娜讲述了一个自己刚上班时候的故事。

李娜在刚工作的时候只是公司的一个普通销售人员，那时候和她一起实习的还有一个叫王岚的姑娘。王岚毕业于当地一所一流大学，相比看来，李娜被留下的机会甚是渺茫。

毕竟是新人，所以带她俩实习的师傅并不会交给两个人重要的工作，只让她们做一些端茶倒水、打印文件这样的杂活儿。

即便是干着这样的杂活儿，李娜依旧是一丝不苟，在她看来这些工作都是最开始的经历，经验都是需要慢慢积累的。王岚却认为，自己好歹是一流大学毕业的，不管是接受能力还是学习能力都比李娜强，不应该只做一些打杂的工作。

一次下午茶时，王岚问带实习生的师傅："我已经干了这么久的杂活儿了，什么时候才能接触一些有意义的工作啊？"

师傅看看她说："再等等吧。"

事后，王岚跟李娜抱怨："师傅也太不近人情了，咱们都干了快一个月的打印、复印文件了，咱们好歹也是正经大学毕业生，真把咱们当端茶送水的小妹了啊？"

李娜笑笑没说话。

王岚依旧嘴里不饶人："哼，等我过了实习期入职之后，我也要指挥别人打杂。"

李娜并没太在意，只是依旧复印着手头的资料。

后来，李娜不经意在茶水间听到有人窃窃私语，内容大概是带她们实习的师傅行为不端，压榨、欺负实习生等。每次听到这种话，李娜都微微蹙眉。

两个月的实习期结束后，王岚被辞退了。

她愤愤不平地向经理求证：“为什么被辞退的是我？”

“在工作中，最忌讳的就是话太多。你在公司整天说一些没用的话，还散播‘八卦’。公司总共就这么几张嘴，你以为公司主管真的不知道散播这些‘八卦’的源头是谁？”

王岚觉得羞愧，却无力反驳，最后只能悻悻地离开。

其实，李娜和王岚从工作开始就形成了鲜明的对比。王岚不仅在工作中常说一些与工作无关的事情，甚至还散播一些影响公司员工形象的流言。李娜对工作以外的“八卦”闭口不言，不说多余的话，不说没意义的话，在上司需要意见建议的时候却又能恰好提出合理的建议。

人们常说：“话多不如话少，话少不如话好。”显而易见，话多并不是智慧的表现。

某公司周年庆的时候，为了展示对员工的关心和感谢，公司特意在周年庆当天邀请员工家属参加此次晚会。

阿岚是公司的老员工了，这天她特意叫来自己的丈夫和她一起参加晚会。丈夫喜好唱歌，在这样的日子里，她鼓励丈夫上台唱首歌，跟大家一起分享这份喜悦。于是，丈夫在半推半就之下在台上引吭高歌。

小倩走到阿岚身边，想找个话题，于是开口便说：“这个人唱歌这么难听竟然还好意思上台？”

阿岚蹙着眉头说：“他是我丈夫。”

小倩连忙道歉说：“对不起啊，我的意思是这首歌歌词写得不好，不是您丈夫唱得不好。”

“这歌词是我写的。”阿岚说完就头也不回地离开了。

自此以后，阿岚和小倩的关系就变得疏远了。就算是碰面，小倩也不好意思再和阿岚打招呼。

后来在一次单位同事组织的聚会上，别人都在欢快地喝酒、玩游戏，小倩既不喝酒也不会玩游戏，觉得尴尬又无聊，便对身边的同事说：“谁抽烟了啊？味道这么大，不知道有的人最闻不来烟味儿吗？”

身边同事尴尬地撇了撇嘴说：“是我刚才没忍住，就抽了几口，不好意思啊，影响到你了。”

此时小倩恨不得挖个地洞钻进去，可说出去的话，已经收不回了。

就这样，小倩和同事们相处得越来越尴尬，她察觉到大家都在刻意地回避自己，最后只能辞职离开。

小倩为了找话题聊，却恰恰找了最敏感的话题，不只是说明她话太多，更是显示了她说是非的“功力”。她说出去的话，就像是泼出去的水，不仅不负责任，更可能给身边人带来麻烦。最后，不仅害得身边的同事远离她，更害得自己不得不离职。

说话是为了更快速有效地传递有用的信息，是为了和身边人更友好、便捷地相处和交流。如果在和身边人交往过程中，为了所谓的交流而交流，说出一些毫无意义，甚至是在无意中伤害别人的话，那么不仅会给自己带来麻烦，还可能会影响自己的未来。

## 学会倾听，是有修养的一种表现

有人说，男人和女人是互补的两个物种，一个理智多一点，一个感性多一点；一个喜欢高谈阔论，一个则喜欢跟随情绪说话；一个乐于倾诉，一个则需要学会倾听……

在生活和工作中，一个总是喋喋不休的女人和一个善于倾听的女人相比，一定是那个善于倾听的女人更有魅力。当情感遇到危机时，一直唠叨不停的女人容易让人厌烦；当工作遇到困难时，只会嘴上埋怨的女人容易消极退缩。无论在怎样的关系或者事件中，不善于倾听的女人，往往忽略了对别人基本的尊重。

有一次，李军带自己的老婆燕子参加大学同学聚会。回来的路上李军对燕子严肃地说："媳妇，你各方面都很优秀，但是有一点你必须正视一下，就是你不善于倾听，总是喜欢打断别人的话。这个习惯真的很不好，或许你插话时，别人还没有把意思表达完整，等你插话结束，别人早就忘记自己要说什么了。”

燕子若有所思地点了点头，心想丈夫一般很少给自己提建议，这次说出来说明自己这个毛病已经很严重了，便说：“对不起，我以为插话更多地体现的是与说话的人互动，延伸一下话题。”

李军很认真地说：“是，你说的也有一定道理，但是不是所有的场合都适合插话。每个人都长着一张嘴巴，两只耳朵，而人小的时候也都是先学会倾听，才能学会说话。你应该先听完别人想要表达的，再表达自己的想法，这才叫互动。”

燕子恍然大悟：“怪不得公司同事最近都不爱跟我说话呢。刚开始大家还挺乐于跟我交朋友，后来可能是我太爱插话了，总是不等别人说完，我就连忙表达自己的看法。估计全公司的人都被我打断过，大家肯定觉得我没礼貌，被我打断后心里憋屈，就都不愿意跟我说话了，这毛病我可得好好改改。我以后得认真听完领导讲话，也要注意等别人发完言再表达。”

李军点点头说：“这一点我也得改改，不能每次一听到你的唠叨、抱怨，就急着辩解和争吵，这样太不尊重你了。以后你抱怨我的时候，我得耐心听完你的倾诉，然后反思一下自己是不是确实做得不够好。等你说完了、撒完了气，我再平心静气地跟你道歉，看看怎么解决和哄你开心。”

每个人都有说话和表达的权利和自由，这也是人的一项本能，更何况是每天说话要比男人多一倍的女人呢？但很多女人在说话与倾听之间，还是选择了说话，甚至习惯于打断别人说话，这其实会让人觉得反感和尴尬。作为女人，学会倾听比表达更重要。

曾经有一位心理学家做过这样一个实验：他找来小美、小李、小刘三人，这三人既是发小又是好闺蜜。其中小美作为倾诉者，要分别向小李和小刘倾诉同一段痛苦的经历。这件事越撕心裂肺越好，越煽情越好。

小美先和小李面对面坐，心理学家先提前和小李约好，等到小美开始讲述时，小李就要故意东张西望、搔首弄姿，甚至时不时打断小美的话，总之故意不倾听小美完整的表述。

小美刚讲到动情处，眼泛泪光之时却发现小李在抠指甲、玩手机。小美突然哽咽着质问："你怎么无动于衷呢？你是不是根本没有听我说话？你根本不关心我，也不在乎我曾经经历过什么苦难。你真是一点都不尊重我，我都想和你绝交了。"

等到小美向小刘讲述同样一件事情时，小刘的眼神始终没有离开过小美的脸，她上身前倾，表情认真，时刻关注着小美的一举一动。小美讲到悲伤处，小刘会跟着一起悲伤，眼睛也跟着泛起了泪花。小美讲到苦尽甘来的时候，小刘也跟着手舞足蹈地高兴起来。

等小美讲完，小刘紧紧抱住了小美，温柔地说："好了，一切都过去了。”

小美也十分欣慰地说：“你真是我的好闺蜜，谢谢你认真听我讲完这些陈年往事，跟你讲完我心里舒服多了。”

许多研究表明，女人对人际关系处理得不好，不是在于会不会说话，或者说错了什么，而是不在乎对方说什么，或者倾听太少。

比如，别人讲述时，你插话、抢话，说的与对方说的主题无关；或者迫不及待地表达自我；或者三心二意，不认真听别人说什么……任何人都不愿意和这样的人说话，更不要提成为朋友了。

快节奏的都市生活，拉开了人与人之间的距离，大家都习惯于表达自我，学会做个善于倾听的女人，是十分重要的。如果你能够站在对方的角度倾听，能够报以理解和同情的心态，你就会非常具有亲和力。

在生活中有许多需要我们耐心倾听的时刻，比如闺蜜之间需要倾听，父母的唠叨需要倾听，儿女鸡毛蒜皮的小事需要倾听，丈夫工作中、生活中的烦恼需要倾听。要想做个有修养的女人，就得做一名好的倾听者，承担起这份责任，耐心地听、仔细地听。

# 别只会嘴上涂口红，多涂点“蜜”

正所谓：“言而当，知也；默而当，亦知也。”由此可见，女人会说话亦是一门必修课。

会说话并不像想象的那样简单，好的话语能够给人一种积极的态度，给人向上的力量和勇气。

莉莉和王倩同是一家公司的前台，每天最基本的工作，就是微笑着接待到访的客人。

一天早上，王倩一上班就发现莉莉的状态不对劲，因为莉莉看起来就像霜打了的茄子那样无精打采。

原来，莉莉在出门上班之前和男友大吵了一架，心情极度郁闷，更可气的是上班路上车子还半路抛锚了，而且车子恰好坏在不好打车的路段，她无法自己修理车子也就罢了，就连能否打到车去上班都得看运气。当她手忙脚乱地到达公司时，整个人的心情已然跌落到谷底。

王倩笑着冲莉莉打招呼：“莉莉，早上好啊！”

莉莉撇嘴笑笑，没有开口说话。

王倩并不生气，只说：“你今天的妆容真好看，整个人看起来精神焕发！”

莉莉这才拿出包里的小镜子，左照照右照照，然后笑着说：“真的吗？这妆容是我昨天学着网上的教程画的。”

“是啊，跟你今天的衣着、发型很搭。”

“嘿嘿，这个也是我学着网上的搭配买来的，我分享给你看。”说着，莉莉欢喜地拿出手机跟王倩分享。

接下来的一整天，莉莉都露出甜美又温暖的微笑。

只是一句简单的赞美，就消除了莉莉的满面愁容，换来了她一整天的甜美微笑，不仅让到访的客人感受到了她的喜悦，连同公司的人都觉得十分温馨。

有时候，说几句好话，会给人做好工作、过好生活的勇气和力量。

夏娜今年28岁，终于迎来了她人生中的一件大事——婚礼。在结婚之前，夏娜和她未婚夫特地组了个饭局，叫上了关系亲近的朋友，想让大家互相认识一下。

吃饭期间，大家你一言我一语的祝福声一直都没有停下。

没想到，座位的另一头，丁慧对着潇潇就是一顿“吐槽”：“听说夏娜跟她未婚夫是闪婚，这年头谁还闪婚啊？都这么大岁数了，当然更需要擦亮眼睛好好地选择啊！还玩闪婚，就不怕离婚啊？现在这离婚率本来就高，闪婚族的离婚率是其中最高的！竟然还能心无旁骛地说结婚就结婚。”

潇潇瞥了她一眼，淡淡地说：“夏娜可不是拿感情开玩笑的人，一定是遇到感觉对的人才会这么突然。既然夏娜和她未婚夫真心相爱，闪婚又怎么样？况且闪婚又不是一定会离婚，结婚之后过得幸福快乐的人也多得是，夏娜也一定会是其中一个。”

她俩你一句我一句的过程中，其他人也从未停止过发问，大家都很好奇夏娜这场突如其来的婚礼，便争相追问她和未婚夫相恋和求婚的过程。

夏娜娇羞地笑着回答朋友。原来，她和未婚夫是在一个朋友聚会中认识的，未婚夫对她一见钟情，两个人互留联系方式后，一起吃过几次饭。后来，夏娜觉得和未婚夫相见恨晚，因为两个人有很多的共同点，于是便答应了他的追求。两个人相恋不过两个月就订婚了，也算是加入了当下流行的闪婚一族。

夏娜看向未婚夫的眼神里都是满满的爱意，夏娜未婚夫的眼睛也几乎一刻未从她身上移开，朋友们都开始羡慕地起哄，并一一送上了最诚挚的祝福。

这个时候丁慧却说了句："夏娜，你确定要闪婚吗？我身边有好多闪婚的人最后都以离婚收场！你可得考虑好，现在这个社会，就属闪婚者的离婚率最大，你可别到头来也离婚了。"

丁慧这席话说完全场静默，夏娜的未婚夫更是瞬间黑了脸。潇潇首先从尴尬中缓过来说："你看丁慧都替你开心得喝多了，不过说真的，夏娜你跟你未婚夫可真配啊，他是做金融的，你是干会计的，果然应了那句话：'不是一家人不进一家门呀！'记得你上大学的时候就说过想要找一个学金融的老公，这下愿望成真了！"

潇潇这些话说得很暖心，不仅称赞了对方，更带着满满的羡慕，一下子甜到了夏娜和她未婚夫的内心深处。

丁慧一直以来就是"话说多了不甜"的代表，她常常因为不会说好话而惹怒别人：在宿舍，因为说话直接又难听惹到了邻宿舍的同学，差点被人家"收拾"；在社团，因为不会说话，惹到了同团的社员以及社长，最后导致不仅没有社团活动的学分，还差点被全校通报批评。

女人，不该只会在嘴上涂口红，而是应该学会说话，在嘴上涂"蜜"，在嘴里含"糖"，这样才更容易掌握好自己的社交活动和人际交往。

# 女人，要学会说“不”

有一部惊悚电影叫《沉默的羔羊》，讲的是一位女特工找寻专剥女人皮的杀人凶手的故事。在影片中，女人被定义为“弱小、善良、温顺”的代名词。也正因为如此，女性的懦弱成为被罪犯利用甚至杀害的理由。只有女主角克拉丽勇敢地坚持与邪恶抗争，拒绝做沉默的羔羊，最终找到了罪犯比尔，并成功将其击毙。

实际上，生活中很多女人都不懂得拒绝，将“温柔和沉默”用错了地方。在工作中，不懂得拒绝的女人，美其名曰任劳任怨，实则是在做一些无益于自己的事情；在生活中，不懂得拒绝的女人，是朋友口中的“老好人”，实则是在浪费自己时间和精力；在爱情中，不懂得拒绝并不是贤惠、体贴，而是为遭遇不幸埋下了伏笔。

晓雯从小就成长在一个书香门第之家，性格温顺可人。从小到大，晓雯在父母眼里都是一个省心的孩子，父母说什么就是什么，她从不会顶嘴或者叛逆。为了完成学业，晓雯父母提出大学前不允许晓雯恋爱的要求，她也照办了，而且不负众望被国外一所知名大学录取。

大一的时候，一位美国男孩大卫开始猛烈地追求晓雯，情窦初开的晓雯有些心动了，但是还没想好怎么跟父母说。父母朋友的孩子霍华德正好也和晓雯同校。两人见过一次面后，霍华德就表达了对晓雯的好感。

本想早些拒绝霍华德的晓雯却被父母告知："我们家还是比较传统的，你不能和外国人交往。我们觉得霍华德比较适合你，毕竟我们和他父母都比较熟悉，到时候你们结了婚真遇到什么麻烦，他也不敢欺负你。"

晓雯痛苦地说："可是我心目中的理想型并不是霍华德这样的，他个子不高，长相也不帅气，说话也不幽默。我喜欢的是大卫那样的男孩子。"

"你可以试着跟霍华德相处一下啊，说不定就会喜欢上他呢。"

不懂得拒绝的晓雯在父母的建议下，开始尝试跟霍华德约会。令人意外的是，不到一年的时间，晓雯就发现霍华德脚踏两只船。原来，霍华德经常上网和网友聊天，还和一位女网友聊出了感情。晓雯在父母的劝说下，没有和霍华德分手，但是霍华德却在半年后选择了女网友，晓雯被分手了。晓雯觉得委屈极了，心想是自己的软弱和一味顺从才造成了今天的局面。

为什么要违背自己的意愿？为什么不敢拒绝别人？为什么要让自己这么痛苦呢？因为习惯了软弱、妥协，因为没有拒绝的勇气，因为不懂得如何拒绝。实际上，不懂得拒绝的女人是因为内心缺乏自信，一旦拒绝别人就会心慌不安。

上学时，女孩不懂得拒绝，可能会被带坏，导致早恋，成绩一落千丈；工作时，女孩不懂得拒绝，可能会不断消耗自己的精力和时间，做许多额外的工作；恋爱时，女孩不懂得拒绝，可能会惯坏对方，长期懦弱、隐忍，势必为婚后不合睦埋下祸根。

有一次周末，丹丹突然接到妈妈打来的电话："喂，丹丹啊，周日的时候，咱们老家你三舅爷家的大孙女小青要去你那里出差。刚才你三舅爷问我，可不可以让她在你家凑合一下？"

丹丹想了想，反正丈夫出差不在家，来个亲戚借住一晚也没事，就爽快地答应了下来。

谁知等到丹丹去火车站接人时，才发现与小青同行的还有两个男同事。丹丹有些意外地问："你们是一起的？"

小青赶忙把丹丹拉到一旁说："那是我们主管和一个资历比我深的老员工，到时候我们在你家凑合凑合就行，你找找熟人帮我们搞几张发票回去报销。"

丹丹心里有些生气，但是并没有表现出来，思量了一下说：

“这样吧，咱们先去吃饭，我带你们尝尝这里的特色菜，你们做了这么久的火车肯定饿了、累了，先填饱了肚子再说。”

丹丹带他们到了一个地道的四川火锅店吃了一顿，还主动结了账。然后，丹丹拿起酒杯说：“这事怪我，我不知道要来这么多人，所以家里的被子实在不够了，小青可以跟我在家住，您二位我已经帮你们在我家附近订了一个价格公道、干净、舒适的宾馆，我现在就开车送你们过去。”

小青的同事虽然有些尴尬，但并没有不开心，而是顺水推舟表示了感谢：“您真是太有心了，本来我们也不想让小青麻烦您的。这还让您请我们吃了一顿饭，下次有机会到郑州，我们请您吃地道的河南蒸碗、烩面，还有羊汤。那我们就麻烦您再送一段吧，其实我们本来也是打算住酒店的，哈哈。”

或许，很多女孩从小就被父母灌输要听话的思想，时间久了，就会变得逆来顺受，觉得帮助别人、听从别人是理所应当的事情，只有这样才会被人喜欢。如果你也是这样的女孩，那么请从这一刻开始，放弃你的顺从和不懂拒绝，因为不懂拒绝是一种“病”。

请记住这样一句话：你以为拒绝别人，对别人是一种伤害，但实际上如果你不懂得拒绝别人，你就是在伤害自己。因此，女人们，试着学会拒绝吧，拒绝别人，就是爱自己、善待自己的标志之一。

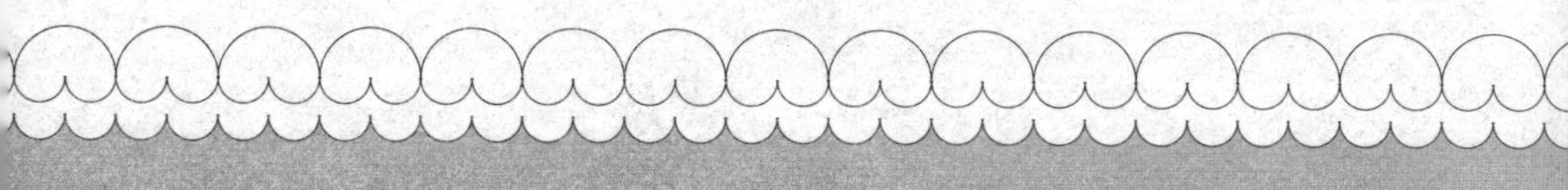

# 第九章

# 内心坚强，幸福才会慢慢靠近

# 内心坚强，幸福才会慢慢靠近

内心坚强，代表心理素质好。内心坚强的女人，不仅有更宽广的胸怀，还有无尽的潜能，她们在受到排斥的时候仍然会坚持自己的想法。

阿英虽然一个人带着孩子生活，但她始终没有依靠过任何人，保持着经济上的独立，整个人散发着成熟女人独有的魅力。

阿英做工的车间每天都会播放歌曲，同事萧然发现，阿英每次听到Beyond的《海阔天空》之类的歌曲时，都会跟着轻轻地哼唱。萧然凭直觉认为，听着这样的歌曲附和的人一定有着很有意义的故事。

经过萧然的“软磨硬泡”，阿英在午饭时间简单地讲述了自己的故事。原来阿英的内心坚强、性格独立，都是源于年轻时候经历的大起大落。

阿英年轻的时候聪明机灵又能干，是一个敢想敢做的女人。阿英说，那个时候她干劲十足，觉得什么都阻挡不了自己每天拼搏努力。阿英每天早出晚归，跟丈夫学习开货车、大吊车，用机器搬运水泥、砖块，甚至跟其他人学习建筑方面的知识，还当起了小工。

那几年很多城市都在进行旧城改造，包工队的前景很好。阿英也跟着沾了光，赚钱盖起了小楼房不说，还买了一辆小轿车。当时，阿英算是镇上第一批富起来的人，日子过得富裕又有面子。

但是好景不长，在一次跟着工地上的工人巡视的时候，阿英一不小心从几层楼高的屋顶上摔了下去。她在重症监护室待了一个多月，几乎花光了所有积蓄，但幸运的是，性命还是保住了。

可是，住院期间，最需要丈夫关爱的时候，阿英的丈夫却变卖了小洋楼失踪了，只剩下年迈的父母寸步不离地陪着她完成了之后的康复治疗。那是一个漫长又痛苦的过程，她每天都在煎熬中度过。最开始的时候，她只能依靠年迈父母的帮助，像婴儿一样重新学习走路、吃饭。那段期间，胳膊再痛，她也会举着胳膊自己吃饭；腿再疼，她也会坚持自己走路。花费了两年时间，她才恢复了正常的生活。正是这段难熬的时光造就了阿英内心的坚强和独立。

如果要问在医院养伤期间，阿英最大的收获是什么？那便是她清楚地认识到女人做到性格独立、内心坚强有多重要。于是，出院后没多久，阿英便积极找工作，想要重新开始。尽管她无法干重活，尽管对她而言找工作的过程会很艰辛，但她还是勇敢地迈出了那一步。

内心坚强往往要求的不是女人一定要做到独立，而是一个人在遇到困难的生活，甚至是遇到突如其来的事故的时候能够勇敢面对，又或者是在面对他人的不理解和嘲笑时，能够做到坚定自己的内心。

王潇由于小的时候生病用错了药，导致说话不清楚，甚至一直到上小学说话都是结结巴巴的。尽管在平时的学习和生活中，身边的很多同学都会学她说话，以此来嘲笑她，但是父母告诉她："女儿，跟其他的孩子相比，你是最特别的那一个。老天偏爱你一些，所以给了你一点与众不同的地方。"

在一次课上，老师让每一个同学都说一下自己的梦想，到了王潇，她坚定又结巴地说："我将来……要……要当……当律师。"她说完，同学们都哈哈大笑，因为当律师首先要能言善辩，可王潇就连话都说不清楚，竟然大言不惭要做律师。

老师严肃地对哈哈大笑的同学说："梦想是每个人都可以有的。"接着又鼓励王潇说，"那你有没有为你的梦想做什么准备呢？老师觉得，你首先应该锻炼自己的口才。"

王潇感激地看着老师说："嗯，老……老师，我……我知道……道了，谢谢……谢……您。”

同学的无情嘲笑并没有阻挡王潇对梦想的追求，老师的鼓励恰恰坚定了王潇做律师的决心——她觉得自己如果可以内心坚强、坚定梦想，总有一天会实现的。

之后的日子里，王潇从练习“嘴皮子”做起。她不仅在课堂上积极发言，课后更是在空旷的地方大声朗读课文，她还搜集绕口令来锻炼口齿……王潇几乎从未间断练习。不仅如此，她还把自己的心态调整到最平和的状态。时间长了，王潇的口吃竟然逐渐有了变好的趋势。

若干年后，王潇终于凭着自己的坚强和努力考上了理想的大学，学习了法律专业。父母一直没有放弃为她治疗口吃，老师也一直鼓励她追逐梦想，这就是她内心越发坚强的理由，更是她幸福的原因。

对王潇而言，内心坚强不是需要她性格多么强大和独立，而是要她在面对他人无情嘲笑的时候能够坚定梦想。而且，她在面对嘲笑的同时，以一种积极的心态来应对，让嘲笑成为激励自己的动力。

人生本来就是一场试炼，没有天生的强大，在经历过千锤百炼之后，总会有机会炼就一颗强大的内心。

在走向幸福的道路上，也许会有崎岖和坎坷，但你会发现很多的惊喜，比如内心逐渐坚强的自己。

# 不要埋怨，明天终会好起来

如果遇到挫折你会怎样？如果遇到不公平你会如何？怨天尤人还是继续努力？

事实上，女性在遇到困难或是遭受不公平的待遇时，大多喜欢埋怨或是斥责。然而，这么做不仅毫无用处，还会影响心情，甚至会影响事情的后续发展。

如果女人在遭受生活、工作上的挫折和不满的时候，愿意放下埋怨和责备，不断地努力向前，终会迎来美好的明天。

山上有两户人家，分别是乔安一家和王数一家。两家人虽然没有过多交流，但也是井水不犯河水。

由于丈夫卧病在床多年，所以乔安一家主要是靠乔安砍柴、种地为生；王数一家则养了一些鸡鸭鹅，以贩卖家禽为生。

乔安越来越觉得自己一个女人还要每天砍柴、下地干活，活得无比辛劳，她常常想为什么生活对自己如此不公平，一家老小都需要自己“当牛做马”来照顾？

所以，一天干完活回到家的时候，乔安忍不住对丈夫和女儿埋怨了一番。

她对丈夫说：“你身体不好，干不了重活儿，我只能接受，可是你为什么在可以干活的时候，没有给家里留下一笔可观的钱财？如果那样的话，我就不用每天像黄牛一样不停地干活了！”

接着又说：“你看人家王家，他们不用干重活儿就有着可观的收入。人家就是养养鸡、鸭，喂喂猪、羊，照样赚钱。你就不能也想出一个轻松的办法吗？那样我就不用这么累了！”

看丈夫低着头不说话，她转而开始埋怨女儿：“你年龄也不小了，却还是什么都不会，每天就知道吃和睡，整天好吃懒做，看人家王家的闺女多么勤劳能干。我看你啊，是想一辈子就在山上待着嫁不出去吗？”

听完乔安的话，女儿觉得恼火，却无力反驳，怒气冲冲之下，烧菜时竟然多放了一次盐。这下，乔安的火更大了！她认为生活对自己已经很不公平了，现在竟然连饭都无法安稳地吃！埋怨了女儿一顿之后，她便气冲冲地拿着斧头出门上山砍柴去了。

在山上砍柴的时候她碰见了邻居王数，于是乔安一边砍柴，一边数落家里人的不是，并埋怨着生活的悲惨，诉说着命运对自己的不公。她越讲越觉得生气！

盛怒之下，乔安在挥斧砍柴时不小心将斧头扔了出去，砍伤了过路的行人，而这个行人竟是邻国来访的王子！王子被砍伤，国王一气之下派兵攻打该国，一场战争由此爆发。

这无疑是一场由埋怨引发的战争。事实证明，埋怨和指责根本无法使人获得内心的平静，反而会影响明天的生活。在经历苦难和不公平时，最应该做的是整理心情、调整心态，相信这些烦心事终会过去，即将到来的明天会很美好。

微微和小希都在一家私企工作，她们勤勤恳恳、任劳任怨地工作了五年，却一直是名不见经传的小员工。

大概是由于没有极具说服力的学历，两个人一直以来都竭尽全力地付出比别人更多的努力，但不管是升职还是加薪，又或者是评选优秀员工，两个人都从未有过机会。即便是这样，两个人也从不气馁，也未曾有过埋怨。就算是接连遭受不公平的待遇，两个人也只是互相宽慰彼此，因为她们始终相信自己的努力不会白白浪费，是金子总有一天会发光。

在一次合作项目马上就要定下最终方案的时候，客户却忽然要求在方案最后加入中国风的手绘图画，但是公司的员工大都是文字工作者或计算机毕业生，一时之间，公司上下手忙脚乱。

经理在开会的时候很苦恼地说："你们谁有朋友是学这个专业的？赶紧找来江湖救急！"其他同事面面相觑，都无奈地摇摇头。

微微看了一眼旁边的小希，转头对经理说："我跟小希以前学过手绘，上大学时参加过社团和比赛，还曾获过小组奖。”

经理如获至宝，觉得惊喜又意外，笑着走到她俩身旁，用略带严厉的语气说：“那如果把这个任务交给你们俩，你们可以很好地完成吗？”

微微和小希坚定地看了彼此一眼，然后重重地点点头：“嗯！可以。”

经理欣慰地说：“好！明天给我一个满意的答复。如果这个事办好了，让客户满意了，我会申请给你们俩加薪。”

经理看了看她们俩，接着说：“你们好好整理思路，其他人散会。”

果然，微微和小希没有让经理失望，客户对她们的作品不仅连连称赞，甚至还说要将其用在这个系列的所有方案里。

最后，经理不仅表扬了微微和小希，给两人调高了薪水，还明确表示明年的优秀员工评选两个人是最有实力的候选人。

微微和小希心满意足地笑了。

在之后的日子里，两个人更是积极努力、调整心态，把自己的工作认真做好。

即便是知道生活本就是不公平的，即便是生活中不如意的事情有太多太多，我们还是应该给予最大的理解和包容，因为一味地埋怨毫无意义。

# 放过自己，选择决定生活

人生既会经受苦难，也会享受快乐，关键在于如何做出选择。无数的事实证明，做一个正确的选择真的很重要，毕竟选择可以决定人生品质。

珍妮和玛丽是姐妹俩，两个人只差一岁。她们都是农场主的女儿，由于父亲常年在外出差，她们在母亲妮可的照顾下长大。

在珍妮18岁生日这天，母亲语重心长地对她说："我美丽的女儿，你已经长大了，可以做出重要的选择了。"

珍妮好奇地问："妈妈，是什么重要的选择呢？这么多年不都是您帮我和妹妹做选择的吗？不管是漂亮的衣服还是要去的学校。"

妈妈拉着珍妮的手，温柔地说："是比上学重要百倍的事情。过了今天，你就应该自己选择结婚的对象了。"

看着珍妮害羞地低下头，母亲接着说：“小镇上有两个小伙子，他们俩都是你的父亲在出远门前帮你定下的丈夫人选，但是你可以做出最后的选择。”

珍妮眨眨眼睛问：“妈妈，是两个什么样的男孩子呢？”

母亲缓缓地说：“是约翰和安德尔。约翰是一个富商的儿子，你父亲和他的父亲是朋友。约翰的家境优渥，居住的房子也是小别墅，如果你嫁过去，是不需要自己收拾房间、打扫卫生的。约翰主要是靠父亲送他的商铺来赚取租金度日。安德尔是农场主的儿子，和我们一样，家境普通，靠着饲养牛羊和种花草过日子。如果你嫁过去，一定是要放羊、养牛，以及打理花花草草的。安德尔靠着父亲帮助他建立的小型农场，过着自给自足的生活。”

见珍妮不说话，母亲便说：“你应该跟玛丽商量一下，因为这是你父亲为你们两个挑的结婚对象，你选择其中一个，你的妹妹玛丽则会与另一个结婚。”

珍妮和玛丽点点头。

母亲说完就离开去做午饭了。玛丽看着姐姐珍妮，问：“姐姐，你要选择哪一个呢？”珍妮确定地说：“我选择约翰吧！我一直都想嫁到一个经商的家庭，这样我也可以学习一些经商的手段和方法。而且，我不想再在农场生活，我想要换个生活方式和生活环境，过富太太的生活。”

玛丽笑着说：“嗯，是啊！恰好我想选择安德尔。我喜欢农场的生活，我喜欢花花草草！安德尔家虽然也是农场，但好像更侧重于对花花草草的培植，正好是我喜欢的。真好，咱们两个没有出现分歧和争执。”

过了一会儿，母亲过来柔声问道：“珍妮，你决定好要选择谁做自己的丈夫了吗？”

珍妮爽快地说：“妈妈，我选择约翰，妹妹正好要选择安德尔。”

母亲听完她们的选择，再一次认真地说：“选择是很重要的事情，不管是嫁给约翰还是安德尔，都各有各的好与不好，你们都要想好了。”

珍妮和玛丽一起使劲地点点头。

五年以后，选择嫁给约翰的珍妮并没有学到任何经商的知识。因为她和丈夫这几年来每天就是辗转于出租的商铺之间收取房租，几年如一日，日子过得枯燥又乏味。而嫁给安德尔的玛丽，每天和丈夫一起摆弄花花草草、放羊、养牛，两个人共同打理着农场。一段时间之后，他们把花草推销给镇上的花店或是书屋，甚至是宴会；把牛羊卖给饭店，就这样一天又一天，生活忙碌又充实。

选择，有的时候就像是早早为自己挑选了一个结果。有时候，只是在吃什么、做什么这样的小事上的一念之差，就会带来天差地别的结果。大多数情况下的选择，是为了放过自己，给自己一个轻松的生活和工作环境。

武静来自一个三线城市，目前在一个一线城市的一家外企上班，她靠着自身的才能和拼搏的精神，在这里奋斗了六年，终于当上了部门主管。

这天，她像往常一样拖着沉重的身体到了出租屋，望着“吱呀呀”转的风扇，想起自己这六年的过往，她忽然感觉到了前所未有的疲惫。

刚步入这座城市时的她，斗志昂扬，怀着对未来的憧憬和期待，开始了追梦之路。毫无工作经验的她，在试用期期间每天就是翻看别人的作品，从开始的模仿到之后形成自己的风格，只有她自己知道中途做出了多少艰难的选择。好不容易成了正式员工，她却依旧每天起早贪黑地做文案、写策划，过着日复一日的生活。

过去的回忆涌上心头，武静忽然觉得自己当初来大城市闯荡的选择是错误的。这六年来每天过着同样的日子也就算了，她连自己喜欢的画画都快遗忘了；好不容易交往的男朋友，也因为自己还处于工作的初步阶段选择了分手。那么，这么长时间以来，自己究竟因为这个选择得到了什么呢？为什么不放过自己，做一个轻松的选择呢？

想到这些，武静决定放过自己，做出更轻松、愉悦的选择——辞职。

武静把手头的工作完成之后，便递交了辞职信。经理不理解地问她："你在同一批员工中是最优秀的，你的能力公司高层都看在眼里，也很欣赏你，为什么突然要离职呢？"

武静淡然地说："经理，之前我做出的选择，都是为了公司的项目，令我有很多的担忧和恐惧，可之后，我要做出的是可以让我活得更轻松的选择。"

武静说完，轻轻地关上门便走了。

走出公司大门的时候，武静觉得一身轻松。虽然她不知道自己做出这个选择将要面对什么样的结果，但她一定会重新选择一个让自己愉悦的工作环境和生活方式。

女性在做出选择的时候，往往会有更多的顾虑，也正是那些顾虑使女性在生活、工作上并不顺心，甚至还很压抑。抛弃顾虑、放过自己，让轻松的选择来决定自己的生活。

# 所谓“金刚不坏之身”，是经历沉默的结果

女人在面对已经发生或者将要发生的事情时，确实很难做到沉默，这大概和大多数女人未经世事有关。因为历经过艰难岁月的人，往往更为坚韧。

芝华是当年村里有名的才女，可是由于家里贫困，父母无法供养她和弟弟上大学，所以作为姐姐的她主动提出了辍学。芝华长得俊俏，说起话来也轻言细语，从她辍学那天起上门提亲的人便络绎不绝。

大概是出于对芝华的愧疚心理，父母在选择另一半上没有逼迫她，而是遵循她的意愿和想法。最后，芝华嫁给了一个从城里下乡行医的医生——血气方刚的小伙子魏磊。

芝华嫁给魏磊不久便生下了两个人的孩子，只可惜医生告诉芝华这将会是她唯一的孩子，因为她无法再生育了。

所以，夫妻俩一直格外小心地照顾这个孩子。可天不遂人愿，孩子在三岁那年生了一场大病夭折了。

孩子去世后，芝华逐渐变得沉默。不管是下地干活还是平时洗衣做饭，她都是听着别人说笑，看着别人打闹，自己一声不吭。

祸不单行，魏磊在一次去山沟里行医的时候，为了救助落水的孩子去世了。

接二连三的打击使得芝华变得越发沉默。在看到别的孩子嬉笑打闹的时候，她抿着嘴一言不发，眼里含着泪却不见流下；看到别人一家三口共同出入的时候，她也只是一声不吭，思绪却早已飘向了远方。

父母心疼她，觉得既然她的丈夫和孩子都已经不在人世，便想着让她早日离开那个伤心地，把她接回家。芝华半晌没有说话，可是嘴唇上已经生生咬出了一排牙印，过了老半天，她才低声说道："爸妈，我的丈夫和孩子都不在了，可是我会守护好这个家的。"

父亲听完她的话，深深地看了她一眼，点了点头说："芝华，你是好样的！爸妈就在家等着你，你啥时候想搬回来都行。"

芝华柔柔地笑了。

春节，芝华的弟弟回家过年，看见自己的姐姐沉默又憔悴，知道她这些年只是在用沉默来隐藏悲伤和难过，也是在诠释着另一种坚强。他走过去摸摸姐姐的手，轻轻地抱住她说："这些日子我好想你。"芝华紧紧抱住弟弟，把头靠在他的肩膀上，久久没有出声，可她抖动的肩膀和压抑的抽泣，仿佛都在诉说着这么多年的思念和难过。

后来很长的一段日子，芝华都是一个人生活，她没有再嫁人，也没有搬回父母家。她越来越沉默，每天都是日出而作，日落而息。

"不在沉默中灭亡，就在沉默中爆发"，坚韧的女人的沉默中多了一丝沉稳和踏实，这种沉稳和踏实来源于她们对生活的热爱和期待。

郭蕾上班三年了，虽然一直兢兢业业，但由于不喜说话，在公司并没什么存在感。公司聚餐时她都是一个人躲在角落，别人向她打招呼时她才会说话。

有一天，总经理要召开紧急会议，因为客户突然要求开视频会议，确认一下新要求。所有人到达会议室之后，便拿出了笔记本电脑"啪啪"地记录着视频中侃侃而谈的人所说的要求，只有郭蕾一个人拿着笔"唰唰"地写着。原来，郭蕾在开会时，和别人有着很大的不同，别人用笔记本电脑记录会议内容，而郭蕾总是喜欢用纸笔记笔记，这个行为她从上班开始一直持续到了现在。

不料，客户刚说完新要求，公司的网络便受到了侵袭，大家笔记本电脑上的资料都不见了。“怎么回事？快点修复网络！”总经理有些慌乱，“怎么办啊？客户的新要求是什么来着？”这时候，郭蕾轻声地说：“我刚才也记下了客户的要求。”说着就把笔记递给了总经理，总经理看了一会儿说：“那这个企划就交给你吧！你可以完成吗？”郭蕾惊讶地看着总经理，半晌才连连点头：“嗯嗯！我可以。”

郭蕾很好地完成任务之后，总经理便把她提升为了主管。有人好奇地问总经理，为什么就因为这一件事就提拔这样一个普通的人？

总经理靠在座位上说：“这个女孩子我已经观察过一段时间了，她平时不爱说话不是不善交际，只是不喜欢和其他的同事说一些没用的‘八卦’；听到别人说自己的不是，她也不会去据理力争，而是在工作业绩上见真章。这样的员工，难道不是主管的最佳人选吗？”

原来，总经理最开始听到郭蕾的名字，是因为一次路过茶水间时听见的“小八卦”。

“你们听说了吗？新来的郭蕾这个月的业绩差不多又是倒数，真是搞不懂，一个没什么学历和本事的人，凭什么可以进咱们公司？”

“是啊，还说什么破格录取，有着很丰富的经验，我看啊，肯定是找关系了！”大家你一言我一语地说着各种不堪入耳的话。

总经理一直知道公司的一些同事总是喜欢茶余饭后谈论别人的私事，可没想到他们竟然这么明目张胆。正当他准备去呵斥那群员工的时候，却看见郭蕾已经径直向茶水间走去，沉默地看了那些人一眼，转身就离开了。

总经理觉得诧异，因为郭蕾当时眼神里流露出的不是胆怯，也不是不屑，而是淡定与自信。

果然，几个月后，郭蕾的业绩冲到了前三名。

从此之后，总经理就一直很看好这个看起来沉默却内心强大的女孩。他觉得，这个女孩总有一天会给自己一个大大的惊喜，一个让自己无法拒绝给她升职和加薪机会的惊喜。

有些女人在想要变强大的路上不停地叫嚣，有些女人则一边抛弃那些无聊的琐事，一边在沉默中磨炼自己。沉默不完全是隐忍，而是一种经历磨难后的成长，是以一种更加成熟的方式来捍卫自己的尊严和情感。

## 即使一个人，也要活得精彩

有人说，女人生来柔弱，必须依靠男人才能创造美好的生活。事实上，即使是一个人，一样可以活得精彩，就像是冬日里坚韧的蜡梅终将会迎来火热的绽放。

吴娅在一所三线城市的私企上班，她凭着自己的踏实能干，终于成了某部门的主管。可是自从她升了职，家里的催婚电话就几乎没断过。

这天，吴娅又一次接到了妈妈的催婚电话。

“小娅，你现在终于事业稳定了，不能再以工作不稳定为理由来敷衍妈妈了！你看你这么多年也没有找个男朋友陪着你、照顾你，这让妈妈怎么放心呢？”

吴娅十分不理解地反问：“我一个人一样可以过得很充实、很精彩，干吗一定要找个男人陪着我？我又不需要依靠男人的权势，我现在虽然职位不高，但是我靠自己的能力过得也挺好。”

“那也不能不找男朋友呀，毕竟交了男朋友，你就不是一个人在外打拼了，两个人互相帮助、相互依靠，也有个照应啊！”

吴娅认真地说：“妈，我一个人生活，想干吗就可以干吗，可以随心所欲，就连加班回家晚也不需要跟别人解释。”

母亲没吭声，吴娅接着说：“男朋友我一定会找的，但是不一定非要现在，您看我不依靠男人，现在不也有着踏实的工作、稳定的收入吗？我不孤单，因为我有朋友，我活得很精彩。”

“可是……”

吴娅柔声打断母亲：“您就别可是了，您看我现在一个人，觉得压力大了就来一次说走就走的旅行，去看看外面精彩的世界，多自由啊！”

接着吴娅不等妈妈说话，果断地说：“妈，我这儿有点忙，总之我现在一个人也过得很好、活得很精彩，不着急找男朋友呢，挂了，拜拜！”

挂了电话的吴娅，一直在想母亲的话。其实她明白母亲的良苦用心，不希望她一个人孤单地在外漂泊，可她很享受这种状态。一个人的时候，不需要考虑太多，不用在乎别人的想法，可以更加随心所欲。

在吴娅看来活得精彩与否全看自己的心态，她可以耐得住寂寞、忍受得了孤独，因为她喜欢并且习惯了一个人的精彩。

想到这儿，吴娅想起了张楠。张楠是她的大学舍友，两个人关系一直不错，但是由于毕业后一直忙于工作便很少联系。前段时间两个人偶然碰了面，便约好一起去喝下午茶。

那天下午，见面后还没来得及说上几句话，张楠就是一阵哭诉，抱怨自己过得如何孤独和冷清。她委屈地说起了自己有多么厌倦现在的生活，单位的同事一到周末就约上朋友好吃好喝和逛街，过得多么精彩、多么快乐，自己却只能挤在小小的出租屋里看书学习，因为怕自己没办法很好地融入新跳槽的公司。

接着，张楠又开始抱怨人生的不公平，为什么别人都可以找到一个有能力又多金的男朋友，不管刮风下雨都有男朋友接送，而自己却只能一个人上班、一个人吃饭……吴娅本想安慰张楠几句，却根本插不上话。

张楠又继续埋怨自己的父母对自己的不理解，自己在这样的小城市打拼，也是有压力的，父母却一直催促她找男朋友，让她去相亲。她觉得自己这么忙，每天光应付单位的工作就已经很烦了，回到家父母的电话却还一个劲儿地打过来，嘘寒问暖一结束就开始催婚。

张楠气愤地说："我抵不住老妈的压力，去相了个亲，结果那个男的没看上我，说什么我学历太低。他确实是一流大学毕业生，可有什么用啊？不也得靠自己找工作，凭什么看不上我？"

听到这儿，吴娅厉声打断了张楠的话："你一直说厌倦了一个人的生活，可却恰恰忽视了一个人生活有着不一样的精彩。一直以来，你只顾着看别人的生活有多热闹和精彩，却不给自己一个机会去制造这种精彩。没错，一个人的时候会孤独、寂寞，但同时也是自由的！况且，你竭尽全力地去迎合同事，想要融入新的公司，这本来就是作为新员工的你应该做的。”

吴娅顿了顿又说：“张楠，你明明可以选择一个更好的方式，让一个人生活的自己也变得出彩，可你没有，而是选择自怨自艾地诉说自己过得有多么的糟糕。”

张楠被惊得久久说不出话，缓了一会儿才说：“一直以来，你就是这样让自己一个人的时候也过得精彩的吗？”

吴娅淡淡地笑笑：“是啊，我享受一个人的生活，有自己的时间和空间，有很多让自己过得不乏味的事情值得做。活得精彩不是让女人迎合着去付出，而是让自己在面对需要做出选择的事情的时候，有选择的权利。”

张楠转念一想，的确，吴娅虽然一直以来都是一个人，但并不妨碍她过着精彩的人生。而自己，好像一直忽略了一个人生活的幸福感和精彩瞬间。

对女性而言，越是一个人的时候，越是应该学会享受生活的精彩。

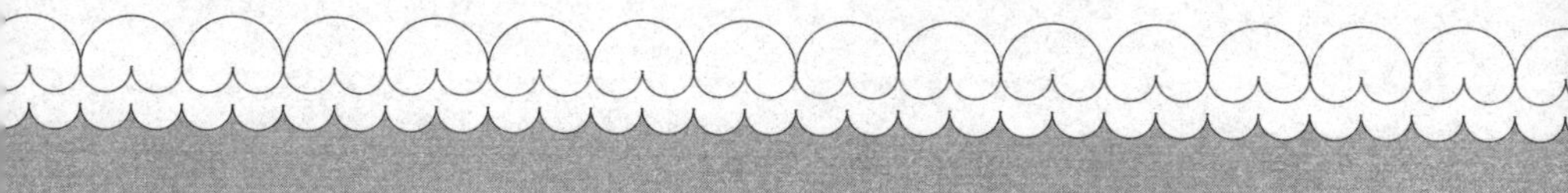

# 第十章

# 沉淀自己，剩下的交给时光

# 沉淀自己，剩下的交给时光

红尘绚丽多姿，可是大多数的女人都在为了生活和工作而奔波，没有时间静下心来享受生活的美好。读一本好书，品一杯香茗，不妨给自己慢下来的机会，将剩下的故事交给时光来书写。

沉淀自己是面对苦难并克服后所拥有的美德，是经历苦难后的人格魅力的体现。

短短两天时间，安娜不仅失去了工作还和丈夫离了婚，心情简直糟透了。为了排解心中的忧愁和悲伤，她走到了小镇上专门为人排忧解难的阿姆修女那里寻求帮助。

安娜说："阿姆修女，您能相信吗？我昨天刚离婚，今天就失去了我的工作。现在我不仅是一个没有家庭的人，还是一个没有工作的人，我的人生为什么这么失败？"

阿姆修女在听完安娜的诉说之后，先是一言不发，接着说：

“安娜，你去端一杯水，不用盛满。”安娜虽然有一些摸不着头脑，但还是照做了。

在安娜端过水来之后，阿姆修女说：“现在你往里面撒一些沙子。”

安娜按照修女的指示，往杯子里撒了一些沙子。接着阿姆修女晃了晃杯子，让沙子和水混合在了一起。

“接下来，你只需要等一会儿。”阿姆修女对安娜神秘地说。

就在等待的时候，安娜问阿姆修女：“我们到底是在等什么呢？”

阿姆修女笑笑没有说话，过了一会儿她才说：“你现在再看这杯水，有什么不同吗？”

安娜平淡地说：“沙子都沉到杯底了。”

阿姆修女这才解释道：“安娜，你还年轻，当然会遇到各种各样的烦心事，有些事情是你必须经历的。就像这个瓶子里的沙子，它还存在，但却已经沉在了杯底，并且只占据了这杯水的一小部分。”

安娜说：“阿姆修女，但我觉得我已经看到自己的结局了，我觉得自己会有一个很失败的未来。”

阿姆修女缓缓地说：“安娜，你现在最需要做的就是像这杯水一样，沉淀自己，你经历的所有事情，时光都会给你一个很好的答案。”

安娜恍然大悟。世上有很多事情是必须要去经历的，作为一名失业又离婚的女性，她一直觉得自己的未来一定是一片黑暗，但不尽然。或许对现在的自己来讲，最该做的就是等这些事情慢慢沉淀下去，就像这杯水，如果一味地因为这些沙子而搅和得整杯水不干不净，那将是多么愚蠢的行为！

女人，一定要学会沉淀自己。丰富的阅历是沉淀，苦难的经历也是沉淀。如果说得更直白一点就是给自己一个机会，让自己有更多的时间去思考和累积，不论是经验还是经历，都理应用更博大的胸怀去接纳它们。

保拉·安东尼是巴西的一位模特，和其他模特不同的是，她的一条腿是假肢。要知道，曾经的保拉不仅有超高的颜值和明亮爽朗的笑容，更有完美的事业和爱自己的男友。然而，一场车祸改变了她的人生轨迹。

就在19岁那年，保拉被一个酒驾司机撞了，虽然因为及时被送到医院，但由于伤势过重医生不得不截掉了她的整条左腿。对于模特来讲，截肢无疑是难以承受的打击，更何况男友也在此时选择离她而去。

面对这些令人悲痛欲绝的事情，保拉并没有长时间停留在悲痛之中。她理智地思考了一下：“也许这场车祸是上帝告诉我需要好好沉淀自己了。既然我有机会好好活下去，就要好好地做好沉淀自己的计划，让自己变得更好。”

于是，保拉开始了“闭关修炼”。面对新的“左腿”，保拉首先要做的就是学会行走。能够用假肢行走之后，她觉得自己可以做得更好，于是又开始学习健身、跳舞、冲浪……只要是能够做的，她都会尽力去试，每一天都在学习如何成长为一个新的自己。

结束“沉淀”的保拉，终于重回模特界，成为千万模特中最与众不同的一个。

毫无疑问，保拉做了一个正确的决定。虽然她在事业爱情双丰收之际遭遇了来自车祸事故的打击，但她没有自暴自弃，反而利用这个机会重新沉淀自己，让自己重新开始。最后，保拉不仅展示给世界一个不一样的自己，甚至迈向了更广阔的未来。

面对来自各方面的压力时，我们必须做到的便是沉淀自己。有时候沉淀自己，就是要求女性能够做到冷静地思考，不管是遇到怎样艰难的问题，都要把自己的节奏慢下来，沉着、努力地应对，然后将剩下的故事交给岁月书写。

## 耐得住寂寞，守得住幸福

历史学家范文澜曾说：“坐得冷板凳，吃得冷猪肉。”确实如此，当今社会存在着各种各样的诱惑，在面对各式诱惑和欲望的时候，选择做欲望的奴隶还是主人，取决于是否能够耐得住寂寞，是否禁得住诱惑。

女人更是如此，想要守住幸福，就应该学会正视寂寞。将寂寞转变成能够推动自己奋发向上的动力，才能够不断成为更好的自己，找到属于自己的幸福。

丽华是一个家庭主妇，虽然三十多岁了，但由于保养得好并没有显出衰老的迹象，反而看起来很有少女感。丽华驻颜有术的一个秘诀是心态好，她即使遇见琐碎烦心的事情也会调整好心态，不使自己乱了方寸。

丽华和严静已经认识十几年了，可以说，丽华是严静夫妻这么多年来一路走来的见证者。严静的丈夫和丽华的丈夫，凭着年轻时在经商方面的敏锐嗅觉已经成为某家公司的合伙人，每天都为了工作忙碌和应酬。

这天晚上，丽华本想约几个老朋友打牌，严静却提前来到了她家。

刚坐下，严静便说："如果不是这么大岁数了，我都想离婚了。"

丽华听后吃了一惊，赶紧把电话放下，安静地坐下听严静说话。

严静气愤地说："跟他结婚这么多年，他就像一个'闷葫芦'，年轻的时候还好，年纪越大越不爱说话，现在更是每天就知道忙工作。"

丽华看着严静说："你当初不就是看上他的老实吗？怎么现在又嫌弃人家话少？而且，他工作忙不也是为了你们的家嘛。"

严静叹了口气，缓缓地说："这么多年，他不会说浪漫的话也就罢了，就连一束花都没有为我买过。从和他结婚到现在，我理解他的不善言谈，但我们两个就连情人节、结婚纪念日都没认真地说过几句好听的话，根本一点激情也没有！"严静说话间，已经有些泪眼婆娑了，"现在他每天早出晚归，我都觉得自己好久没有见过他了。"

丽华察觉到了严静是觉得她和丈夫的婚姻生活没有乐趣。

丽华安慰严静说："都老夫老妻了，哪里还有那么多激情岁月啊？你也别要求太高了啊。"

严静擦擦眼泪说："可是这样的婚姻太枯燥了，我更向往那种充满激情和浪漫的爱情。"

丽华凝眉注视了她好一会儿才说："你不爱你的丈夫了吗？有一段时间我也这样以为，我老公也不善于表达，但是有次我生病，看到他上班前默默给我熬好了一锅粥，在公司还打电话叮嘱我按时吃药，我突然脑海里都是他冬天里给我暖手、盖被子，怀孕时给我洗头、洗脚的画面。我那时候突然明白夫妻之间所谓的爱情，就是平平淡淡的关怀，而这些平平淡淡的日常生活看似是寂寞的，但是又充满了温暖和真情。"

严静不假思索地说："爱啊！可……可是这样令我孤独、寂寞的婚姻，我已经不确定我想不想要了。"

丽华握住严静的手，认真地说："如果说爱情是婚姻的必备条件，那寂寞大概就是必然会经历的过程。那些老爷爷老奶奶们一起变老的爱情，不就是经历了爱情，也经历了寂寞和守候的过程才熬过来的吗？"

严静觉得豁然开朗。的确，自己对丈夫依旧有着满满的爱意，只是如今工作和生活上需要面对的问题越来越多，才会使得她整个人变得寂寞、空虚。她转念一想，这大概就是丽华过得幸福的原因吧。

有句话说："耐得住寂寞，才能守得住繁华。"其实，同样的道理，耐得住寂寞，忍得了诱惑，才有能力把握住自己的幸福。

但凡获得幸福之人，往往都有可能会遭受一段寂寞、孤独的时光，而这段时光，恰恰是累积自己、成就自我的关键阶段。就像是面临黎明前的黑暗，熬过去，也就迎来了天亮。

潇潇从小就喜欢画画，但这世上有艺术细胞的人有无数个，默默无闻的占多数，潇潇就是其中一个。

从小在她耳边充斥着的最多的声音就是："潇潇这么有才华，以后一定能有大本事。""潇潇画得这么好，以后一定是大艺术家。"又或是："潇潇的画以后一定能挂在大展览馆里。"……大概是赞美的话语听得多了，潇潇也一直觉得自己将来一定会在艺术方面有着惊人的造诣。

在潇潇18岁这年，凭着画画方面的天分和作画水平，她被保送到某一流艺术大学。她想，在这里自己一定可以充分展现才华；她甚至一度认为，在这里，自己也一定是最棒的。

但事情的发展和她所想的几乎完全相反。在这所一流的大学里最不缺的就是有天分的人以及画画水平高超的人，潇潇引以为傲的绘画水平在这里甚至没什么可骄傲的。

在她刚进入这所大学后的一次小测验中，班里二十个学生，潇潇的作品是第十九名，这还是因为有一个同学并没有在规定时间内完成作品。

这次打击对潇潇来说无疑是巨大的，甚至于之后的几次测验，她的绘画作品成绩一直是倒数。

老师仿佛看出了潇潇的沉不住气，在一次下课后带她到办公室，问她："潇潇，你知道绘画最忌讳的是什么吗？"

潇潇愣愣地摇摇头。

老师淡淡一笑："绘画最忌讳的就是沉不住气、耐不住寂寞。从你来到这里，每一次测验的成绩都是倒数，这并不是因为你的水平在下降，而是因为只有你一个人的水平没有提升。在绘画的时候，最该做的就是耐得住寂寞，要做到'两耳不闻窗外事'，这样才能静下心来画好每一幅作品。"

老师的这番话在潇潇心里泛起了涟漪。潇潇前段时间一直忙于适应新环境，甚至沉迷于喧嚣的新生活，这些对绘画都是毫无意义的，因为要想坚持自己的理想和追求，最该做的是耐得住寂寞、抵御得了诱惑。

# 擦亮眼睛，善于发现和捕捉生活中的小细节

有人说：“生活中从不缺少美，只是缺少发现美的眼睛。”的确，现代社会的进步，无疑使得人们整日忙碌于生活和工作，以至于只看到了他人的抱怨和委屈，根本无暇顾及身边的美好。

如今的女性早已摒弃了“女子无才便是德”的旧思想，开始参与到现代社会的激烈竞争之中，也没有时间欣赏沿途的美景以及生活中细微的美好。殊不知，有时生活中的小细节却隐藏着让女性发光发热的机遇。

安雅已经是小镇上数一数二的女强人了，可谁又知道她最开始的时候，只是一个名不见经传的卖大米的小商贩呢？可以说她现在的成功，得益于数年前“在细微生活中捕捉到的商机”。

安雅大学毕业后就回了老家，想着在老家找一份安稳的工

作。可她一个三流院校的毕业生，忙碌很久也赚不了多少钱，而且还得应付身边同事的钩心斗角。这样的现实让安雅觉得疲惫和心累，动了自己开店的念头。

在当时的南方小镇，不管是找工作还是创业，最火热的大概就是销售大米了。于是，安雅辞职后拿出自己近两年攒下的钱，在镇上开了一家米店。只可惜，小镇上米店虽然不多，但是她的米店开业较晚、规模较小，每天买米的客户并不多。

开始的时候，安雅也曾一家家地推销，可即便如此，大米的销量也并不理想。

这天，安雅正准备去店里，忽然看见邻居李阿姨气喘吁吁地提着一袋大米回来，她急忙伸手一边帮忙抬，一边说："李阿姨，您要是拿不动就少买点，要是闪到腰就不值当了！"

李阿姨笑眯眯地说："是啊！老了，一袋大米都拿不动了，还是你们年轻人有力气。"

李阿姨话音刚落，安雅突然觉得脑海中灵光一现，心想："是啊！像李阿姨这样的老人家是拿不动太重的大米的，但是现在小镇上多数是老人来购买大米，而老人的体力又很有限，如果我的店可以为镇上的老人家提供免费送货上门的服务，那销量应该会比现在好。"

说做就做，只要有老人来，安雅便会主动提出"送货上门"的服务。就这样，一传十，十传百，安雅的大米店能提供送货上门服务的消息很快传开了。

但是安雅并未松懈下来，虽然小镇上大多是老人家在购买大米，但也不乏持家的中年女性消费者，所以还必须从这一方面打开销路。

经过安雅的细心观察，她发现生活中很多中年女性在做饭前都会反复冲洗大米，因为在当时，由于收割和加工技术比较落后，很容易有各类杂物掺杂到大米里。虽然有很多人已经习以为常，但安雅却觉得这可能也是一个商机。她认为，如果自己的米可以让镇上的居民在做饭之前只需要淘两次，甚至只需要淘一次，肯定会受到欢迎。

于是，安雅便将米中的小石子、沙子之类的东西，一点点地拣出来再售卖。虽然这样更花费时间，但买过安雅家大米的中年主妇们开始口口相传，安雅家的大米几乎可以省掉反复淘洗的麻烦。就这样，安雅大米店的顾客渐渐多了起来。

从安雅的成功不难看出，有时候成功的机会就藏在生活的细节之中。如果不是帮助李阿姨时的举手之劳，或者不是关注中年女性做饭前反复淘米的习惯，安雅很难发现原来生活中处处都是“细微的商机”。

很多人在面对普通生活时，很容易忽略细枝末节，其实这才是最真切的美好，也是影响结果的重要因素。

陈晗是一家一流大学的毕业生，学历一流，能力也数一数二。可谁知，她却在一次招聘会上因为一份简历栽了个大跟头。

这是一场对陈晗而言十分重要的招聘会，因为这里有陈晗心仪的公司。这天，她好好地打扮了一番，才急忙赶到了招聘会现场。

按照她向往的那家公司的要求，每个应聘者需要先与招聘人员进行简单的交流后，才可以进行正式面试。在面试之后如果招聘人员收取了谁的简历以及奖状之类的复印件，就证明谁将有机会进行复试。

轮到陈晗时，对于招聘人员的问题她回答得堪称完美，不管是现场操作还是虚拟情景模拟，她都应对自如。在她结束面试的时候，其中一位招聘人员果然想要收取她的简历。在受宠若惊的同时，陈晗激动地掏出简历，却发现它不仅皱皱巴巴，上面竟然还有一大摊黄色的污渍。

原来，陈晗早上不小心打翻了桌子上的咖啡杯，放在桌上的简历被浸湿了。但是为了能够尽快赶到招聘会现场，陈晗只是简单地晾了下简历，便将它火急火燎地塞进了背包。

尽管陈晗很努力地想把简历弄平整，但递到招聘人员的手上时，他们的眉头还是皱了皱。因为已经折皱的简历和整洁的简历夹在一起时，显得格外刺眼。

最终，陈晗并没有进入复试。

很明显，就连简历是否整洁这样的小细节陈晗都无法把握好，又如何能够做好工作呢？

事实证明，不管是在生活还是工作中，细微的问题一定要早发现、早处理，这样才能更好地发现隐藏在其中的美好。

## 对自己有多高的要求，就能成就多大的舞台

面对未知世界，每个人最应该做的是立足于现实，给自己树立长远的目标。因为无论是生活还是工作，对自己要求越高，越能更好地激发自己的潜力。

小娇是大一新生，因为家境贫寒，所以开学第一天她就给自己定下了“用三年时间修经济和文学的双学位，并且被顺利保研”的远大目标。

小娇想，既然给自己提出了要求，就要拼尽全力去做。于是，别人上课学习的时候，小娇在学习；别人吃喝玩乐的时候，小娇还是在学习；即便周末，她也不是在打工，就是在学习。不仅如此，小娇还给自己定下每天必须早起跑步1小时的要求，因为小娇认为身体是革命的本钱。

不过，小娇并不是一个“书呆子”，在学习书本知识之余，

她也积极参加了校园的社团活动，几乎所有时间都被她安排得满满当当。她觉得只有这样的生活，才能够对得起自己做出的努力，才能够早日实现自己树立的目标。

在大三那年，她果然提前拿到了经济学和文学的双学位，还以连续三年全系第一的成绩成功被保研。

她在毕业致辞的时候说了这样一段话："从大一入学，我就给自己定下了两个目标：用三年的时间拿到双学位以及顺利被保研。我知道若想实现就意味着我的大学生活是相当忙碌的，更是无比充实的，也有着很不一样的意义。我想说，到目前为止，我的目标都已经达成了！"

底下响起了阵阵掌声，小娇大方地笑笑接着说："这三年，我几乎用了我所有的时间来学习和打工。累了的时候，我也很想休息一会儿，但是转念一想，这样不可以，如果休息了，定下的目标可能会因此落空。一想到这些，我就咬咬牙坚持了下来。"

小娇顿了顿，继续说道："接下来，我会到另一所大学继续我的人生，可我对自己的要求不会止步，因为我想要变成一个更强、更优秀的自己。最后我想说，一个人对自己有多高的要求，就能收获多大的成就，就能站上多高的舞台。"

小娇说得很有道理，一个人所创造出的价值，和她对自己的要求有多高有着密切的关系。给自己定下高标准和高要求很简单，但是定下之后只有竭尽全力去做，才可能创造出不凡的价值。

魏茹和安娜分别是两家企业的员工，而且都是毕业后靠着自己的学历和自身的能力找到了目前的工作。

魏茹最近刚升为主管，正想向父母打电话报喜，就接到了安娜的电话。魏茹连忙接起电话，她还没来得及嘘寒问暖，安娜已经自顾自地小声啜泣起来。

魏茹连忙问：“发生什么事了？”

安娜支吾了半天才开口说：“我现在觉得工作压力真的好大！”

魏茹虽然不知道她说的这句话因何而起，但还是肯定地说了一句：“是啊，社会对我们女性的要求也越来越高了！”

安娜听到魏茹赞同自己的观点，毫不犹豫地接着说道：“我已经上班四年了，单位现在要求我们这些老员工考CPA，并且领导直接表明了态度，只有考过的员工才有晋升的机会。且不说我们公司规模大小，我都毕业这么久了，哪里还学得进去？”

听着安娜的话，魏茹在电话这头皱着眉，她并不是很认同这个观点，但是她想安娜可能只是发发牢骚，随她说吧。

可谁知安娜并没有停止抱怨：“领导还说，正是因为有了竞争压力，才有了工作的动力，考CPA只是目前的要求和目标，接下来还会有更高的要求。这简直太过分了，公司竟然提出这样的要求，这不是逼我们嘛！真这么下去，我就带着其他老员工辞职！”

听到这里，魏茹忍不住了，直接说道：“你们公司是在帮助你们提升自己，你们感觉不到吗？你就甘心一辈子做个老员工？公司要求什么，你才去成就什么吗？”

听见安娜不说话，魏茹径直说了一番严肃又认真的话：“现在的社会每个人的竞争压力都很大，作为女人，我们已经不再是社会的弱者，更不能等着别人来挑剔自己的缺陷，应该不断地给自己定下高标准和高要求，这样才会有足够的能力走向强大。”

原来，魏茹还是公司业务员的时候，就给自己定下了要求——一旦熟悉业务之后，必须卖出一定数量的产品。她之所以这样“逼”自己，是因为她早就知道只有严格要求自己，才能一步步地成长。

功夫不负有心人，仅仅两个月魏茹就熟悉了工作，半年时间她就成为同批员工里销售业绩最好的人。

在业绩提升之后，魏茹就有了第一次晋升的机会，从一名普通的业务员，成为一名销售助理。但魏茹并没有止步，她一直认为，只有对自己要求越来越高，才有机会获得更多的机会，得到更多的重视。

魏茹在一次偶然的机会下得知，公司很缺乏CPA专业人才，魏茹觉得她的第二次机会来了，便毫不犹豫地开始学习CPA的专业知识，并顺利通过了考试。

两年之后，靠着自己的能力，凭着一直以来对自己的高要求，魏茹站上了更高的舞台——成为公司的副总。

的确，不管是在工作还是生活中，只有不断地给自己提出更高的要求，才能充分激发自己的潜力，也才能够更快、更好地收获成功。

对自己的要求有多高，就能成就多大的舞台。

## 跟过去告别，遇见更好的自己

人生在世，兜兜转转，每个人都有或好或坏的经历。在遭遇不公的时候，只会质疑自己是不是不够优秀，怀疑是不是没有人爱自己，那是弱者的行为，更是错误的方式。其实，面对已经过去的事情，最好的办法就是告别，然后通过努力去遇见未来最好的自己。

丽萨小时候一直是一个胖乎乎的小姑娘，长得很可爱，也很招人喜欢。可是随着年龄的增长，这种可爱的胖乎乎已经在渐渐演变成肥胖。

本来丽萨并不是很在意自己的体重，可是上班之后的一次聚餐，让丽萨逐渐意识到，自己的体重竟然会影响到工作。

那次聚餐，丽萨在上卫生间时不小心听到两个同事在嚼自己的舌根。

“你听说了吗？就那个海南的大客户，本来一直是丽萨在进行洽谈，按道理也应该是丽萨去海南出一趟差的，那样还可以一边工作一边旅游。可是因为她的形象太差了，老板觉得不放心，所以才让别人接手了这个案子。”

“是啊，丽萨的办事能力、工作能力都可以说是一流，只可惜她太胖了！真怕客户看到她，会以为咱们公司的人都是这种形象！”

丽萨听到这里已经有些站不稳了，在两个同事说完这些话离开卫生间后，她也急忙走出去，并且找借口慌忙离开了聚餐地。

走在路边，丽萨第一次感到了无力。她万万没想到，自己无法和客户进行最后的洽谈，竟然是因为自己体型太胖！丽萨不由想到了自己如果再这样下去，以后的职业生涯怕是会走到尽头。想到这里，丽萨下定决心，一定要减肥，要和过去肥胖的自己告别，遇见一个更好的自己。

最开始的一周，实在是煎熬。减少食量的丽萨，几乎每天晚上都会饿到打滚，但是想到自己因为胖影响形象，甚至影响到了工作，她还是咬咬牙坚持了下来。第二天，一想到即将看到更好的自己，她就又有了动力。

接下来，听了朋友的意见，丽萨决定配合一些运动继续减肥，并决定从练习瑜伽开始。练习瑜伽不仅可以瘦身，还能增强柔韧性，提升气质，于是丽萨每天都会去瑜伽馆练习，在挥汗如雨的过程中感受着身体的变化。

就这样过了半年，丽萨几乎变成了一个窈窕淑女。看着镜子里的自己，她有了从内到外的自信。公司的同事无不惊讶于丽萨的变化。每每有人夸赞时，丽萨也只是淡淡地说："我觉得要和过去的自己告别，才能遇见更好的自己。"

丑小鸭会蜕变为白天鹅，靠的是自己想要变好的决心，丽萨瘦身成功的诀窍，就是靠着想要摆脱过去的自己，并且早日和更好的自己相遇的诚心。

如果你有着告别过去的期望，有着对未来更好的自己的期待，那就别迟疑，因为很有可能你的一度纠结，会影响往后的人生。

念婷是一个能干的女人，有着一份不错的工作。没想到，两年不见，曾经的同事林彤都快认不出念婷了。念婷虽然化着精致的妆容，可还是看得出整个人没了以往的气质，情绪也显得无比低落。

要知道，昔日的念婷是单位里的一朵花，占尽优势的她，左挑右选在众多的追求者中挑中了一位"富二代"，如愿地嫁入了豪门。婚后她便应了丈夫的要求，做起了全职太太，过上了珠光宝气的生活。

林彤记得上一次见念婷还是两年前，那时候的念婷还光彩照人，怎么才两年就这么憔悴了呢？

原来，念婷嫁给“富二代”的第二年，丈夫的企业就因为一次变故遭遇了“滑铁卢”，企业倒闭不说，就连房子、车子都被拿去做了抵押，整个家负债累累。

念婷不堪忍受这样的生活，便提出了离婚，想着可以凭借自己的美貌继续倚靠有钱人，过奢靡的生活，好好地享受人生。

只是没想到，后来她又找到的一个有钱人不过是贪图她的美色，念婷不仅没有得到他一分钱，还被他老婆捉奸在床。恼羞成怒的正室在宾馆上演了一出打小三的戏码，念婷被暴打一顿后和男人失去了联系。

林彤劝她赶快认清自己，然后好好调整心态找一份工作，靠自己生活。可念婷却说，自己只想过锦衣玉食的生活，不想工作。

后来林彤不再多说什么，也不想再说什么。因为像念婷这样只想依附男人来改变命运，只看重经济和地位的思想，怎么能够重新认识自己呢？又怎么能够和过去那个低俗的自己告别呢？

聪明的女人懂得认清自己，更懂得应该如何跟过去告别。她们会在新的疆域努力开垦自己的天地，遇到更好的自己，以勇敢又自信的姿态活成一棵笔直的树。